THE JOYFUL CHILD

[美]
佩吉·乔伊·詹金斯
Peggy Jenkins, Ph.D

如何发现孩子

实践蒙台梭利解放天性的趣味游戏

U1010497

中国青年出版社
CHINA YOUTH PRESS
中青文传媒

图书在版编目(CIP)数据

如何发现孩子：实践蒙台梭利解放天性的趣味游戏 /（美）詹金斯著；杨永兵等译.
—北京：中国青年出版社, 2016.3
书名原文：The Joyful Child
ISBN 978-7-5153-2575-0
Ⅰ.①如… Ⅱ.①詹… ②杨… Ⅲ.①智力游戏－学前教育－教学参考资料
Ⅳ.①G613.7
中国版本图书馆CIP数据核字（2016）第032798号

The Joyful Child: A Sourcebook of Activities and Ideas for Releasing
Children's Natural Joy by Peggy Davison Jenkins
Copyright © 1996 Peggy Jenkins
This edition arranged with Aslan Publishing
Through Big Apple Agency, Inc., Labuan, Malaysia.
Simplified Chinese edition copyright © 2016 China Youth Press.
All rights reserved.

如何发现孩子：
实践蒙台梭利解放天性的趣味游戏

卓越教师网

作　　者：〔美〕佩吉·乔伊·詹金斯
译　　者：杨永兵　李霄露　颜冬梅　石尚辉
责任编辑：周　红
美术编辑：张燕楠
出　　版：中国青年出版社
发　　行：北京中青文文化传媒有限公司
电　　话：010-65516873/65518035
公司网址：www.cyb.com.cn
购书网址：zqwts.tmall.com　www.diyijie.com
制　　作：中青文制作中心
印　　刷：三河市文通印刷包装有限公司
版　　次：2016年4月第1版
印　　次：2016年4月第1次印刷
开　　本：787 × 1092　1/16
字　　数：168千字
印　　张：16
京权图字：01-2014-6996
书　　号：ISBN 978-7-5153-2575-0
定　　价：32.00元

中青版图书，版权所有，盗版必究

版权声明

未经出版人事先书面许可，对本出版物的任何部分不得以任何方式或途径复制或传播，包括但不限于复印、录制、录音，或通过任何数据库、在线信息、数字化产品或可检索的系统。

RELEASE CHILDREN'S NATURAL JOY

目 录

关于本书

RELEASE CHILDREN'S NATURAL JOY

About the Book

作为父母和老师，我们当然愿意把最好的给孩子。那么，什么是我们能够给予孩子的最好的呢？又怎样给予他们呢？这是每一个关爱孩子、关注未来的人所聚焦的问题。本书就是回答和帮助解决这些问题的。第一部分，我们从“榜样的意识传播”开始，介绍一些基本的教育理念和教师、家长的指导原则。第二部分，介绍如何释放孩子自然天性的做法和具体步骤，开发潜能的技巧和训练活动。第三部分，介绍教师如何在课堂教学中实施天性解放的课程计划，提供明确的备课案例。

思考一下你如何对待这些新的教育理念和方法。当从书中读到新的想法时，请选择可能会带给你最好结果的那个方法。看看舒勒博士在这个问题上的观点是否与您一致：

> 我们经常听到这样的疑问：您怎么待别人呢？
>
> 一个更加重要的问题是：您是如何看待想法的呢？
>
> 温柔地对待它们……
>
> 它们可能很快被扼杀。
>
> 柔和地对待它们……

它们还未成年就会遍体鳞伤。

尊重它们……

它们可能成为

您的生活中

出现的最有价值的东西。

保护它们……

别让它们跑掉。

给它们加强营养……

不仅要吃饱，也要吃好。

增强它们的防腐能力……

不要让它们感染上

那些消极想法的细菌。

负责任地对待它们！

回应！行动！和它们一起行动！

正如您想象的那样，用这些方式对待想法，会帮助您同样出色地对待出现在您生命中的每一个人。您不愿接受或尚未掌握的想法，也可以暂时搁置，日后再考虑。如果它们是正确的，就会再次出现，并成为您思考的一部分。

当您思考接下来章节中出现的想法，并对其作出回应时，我希望你觉得阅读这本书是一段愉快的旅行。

Philosophies and Ideas for Releasing Natural Joy

Part One

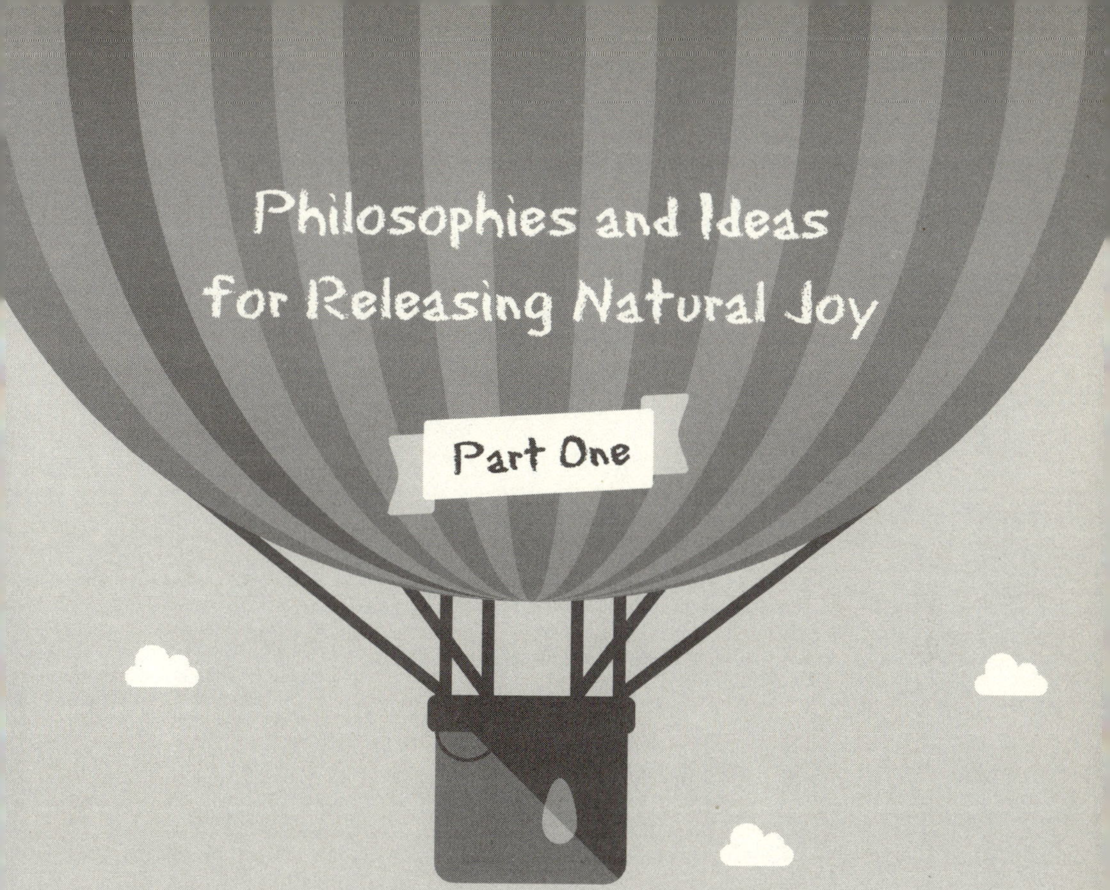

第一部分

关于自然天性的教育理念

生活本身无法给您快乐，

除非您真的想要。

生活给您的是时间和空间，

需要您去填满。

第一章

我们要教育出怎样的孩子

——认知自然天性的存在

越接近您自己的心，您的快乐越大。

——萨拉伊·达里安

该认识到自然天性的存在了。我希望每个人都学会发现并释放内在的天性。各章节中提到的所有理念和活动也是这个目的，他们就像阶梯一样，一步步加强孩子的自然天性，同时更新我们自己的内心状态。

自然天性被称为生命中最伟大的成就，发现天性就是要回到与宇宙合一的状态。因此，自然天性是我们与生俱来的权利，我们越是自然释放，就越能与所有的生命和谐相处。

天性是我们与生俱来的权利,因此它的来源是内在的而非外在的。它源自内心，来自无形的区域，即我们的灵魂。然而社会教导我们的孩子，天性只是一种初级的表现形式，就像可以来自巧克力冰淇凌、一档最喜欢的电视节目、一辆新车或者一次迪斯尼乐园行之类的东西。像大多数人一样，我也伴随着这个普遍的误解慢慢长大。但是，现在我已经从一个新的角度理解了自然天性和快乐，并且感悟到了完全释放和发现的美好。

快乐依托于情感，是人格的一种反应，当人格在情感本质得到满足的条件时，快乐的感觉就来了。因此，吃巧克力冰淇凌或赢得一个奖项，可能产生快乐或愉悦感。天性则属于灵魂。当人格与灵魂和谐统一时，它在头脑中得以实现。萨拉伊·达里安这样解释天性：作为一种带电的、发热的物质，从我们的内心辐射出来，“正如电流穿过电线一样，它流经神经通道、肌肉、骨骼和血液”。相信有一天我们将能够测量天性，因为我们现在能测量电流。

要释放天性，我们必须知道，如果我们愿意，每时每刻都可以。在我们身边有两种振动流。我们可以选择较低的一种，即奋斗和“努力”，或者选择天性较高层次的振动流。天性是我们自然存在的状态，当我们遵循着内心的自然本质和真实存在付诸行动时，这就是我们的状态，这就是天性。

当我们自我感觉良好时，即使他人令我们失望，我们也可以选择快乐。当我们意识到那些批评我们的人有对爱的需求，当我们放开我们的自我怀疑和自我批评时，当我们接受新观念、新事物、认识新人时，当我们舍弃所有人的期望时……我们寻求快乐的能力都延展了，而上述这份清单可以无限延长。

小孩子们往往是一个关于天性最好的例子。在孩子们周围，我们能感受到无条件的爱，而无条件的爱是一切本性的根源。我们能感觉到这些孩子内心中深深的平静，天性则像气泡般不断涌出。但是，在幼儿园和九年级的孩子们身上又会发生什么呢？随着他们一步步升入高年级，是什么挫伤了他们的天性和热情？是收到的信息使他们习惯于脱离了自然的状态，这些信息告诉他们，生活是艰难的，充满苦恼、匮乏和限制，他们无法实现快乐。作为家长和老师，我们该如何培养我们的孩子与生俱来的权利——幼儿期的自然天性，使之随着年龄的增长变得更强而不是减弱？什么样的生活原则可以引导孩子们达到这个目标？

第二章

天性发展的支柱

——人格教育计划

让我们来看看三个构成天性发展的支柱：自尊、人的价值和宇宙法则。当这些支柱安稳完好时，我们都能够发现并释放灵魂深处的天性。

自尊

降临于人最大的邪恶是让他否认自己。

——歌德

我们希望孩子展现他们的自然天性，这是老天恩赐的礼物。如果他们不喜欢自己，他们就无法表现；如果他们认为自己是失败者，饱受自卑的痛苦，他们也会阻止与生俱来的天性释放。您会听到他们这样说：“我很笨。”“我很傻。”“我不行。”“这不公平。”“没有希望了。”“为什么总是我？”“我就是个傻瓜。”“是他逼我做的。”“我做什么都很差。”自卑是后天习得的，而所有后天习得的东西都是能够去除的。

良好的自尊心包括自我价值感觉、自我尊重感觉以及被爱的感觉。这是我们可以给孩子最好的礼物。我们通过无条件的爱和赞扬，帮助塑造他们的未来。当我们听到他们说“我感觉好极了。”“我知道我可以通过这次测试。”“我的未来我做主。”“这是我的选择，我会承担责任。”“我要它。”我们同样也能够感受到他们的欢乐。

重要的是，要区分自尊心（我们的自我感觉）、自我概念（我们如何评价自己）和自我形象（我们如何勾勒自己）。有些人不加区分地使用这些词，但我认为这些词汇之间有着极大的区别。当我们的思想和我们的情感产生冲突时，我们的感情往往会占据主导地位，也携带更多的力量。当非常生气的时候，心里仍然想着“这不值得生气”，通常谁会胜出呢，感情还是理智？当然是感情。

自我形象和自我概念常常与我们的行为联系在一起。但对于健全的自尊，不管我们做什么，必须感觉到爱。通常我们有很多的自我形象和自我概念，去适应我们的生活情境，但关于自我价值感觉和被爱的程度，我们只有一个整体的本能的感觉。例如，我们自己可能扮演以下形象：网球运动员、舞蹈演员、演讲家、园丁、画家、教师和家长，这些形象我们可能扮演得好、一般，或者不好。所有这些自我形象和自我概念与我们的整体自尊没有任何关系。上述所有这些形象，即使我们做得很好，也会产生自卑，或者即使我们在上述大部分形象扮演中失败，也可以具有较强的自尊。因此，自尊心与任何形象或行为无关。

孩子必须能够知道，没能掌握一项技能或考试不及格，并不影响他的本体和他的价值。例如，比尔失掉了本场比赛的最后一投，他的球队没能取胜。如果他自卑的话就会认为，“我是一个失败者，我一文不值，我还不如不干”。如果他有较强的自尊心，就会明白他的自我价值不依赖于他的行为，所以他会愿意再试一次。

人外有人，所以，如果我们根据自己的表现来树立自尊心，那我们就有大麻烦了。

否定自我价值的感觉会阻碍我们的天性表达，通常要借助难以察觉的信息，而深埋在我们的潜意识里。大多数有关自己的负面感觉，是在我们七岁之前，被输入我们的头脑中，在一种自然催眠的状态下，即α（阿尔法波）或θ（塞塔波）脑电波的水平上，催眠就发生了。处于该波段的思想和情感紧密地排布在一起，无意中听到的批评或贬低，对父母生气或对责备的误解，都可以蚕食孩子的自我价值观念，并让他感觉不到任何快乐或价值。

我们的无心之语，会让孩子受困于否定自我价值的情感之中。因此，我们要注意我们的语言，选用不同的词汇，去改变这种状况。我们把它称为支持性的自我对话、自我肯定或是自我暗示。更重要的是，要时刻留意我们的语言和思想可能对孩子产生的难以磨灭的印象。

有些父母和教师在孩子们睡觉时，同他们进行对话交流，来建立孩子们的自尊。他们用这种方式绕过了有意识的大脑状态，直接同孩子们的潜意识对话，而潜意识可能会拒绝它所听到的东西。孩子们在电视机前打瞌睡，听收音机的时候睡着了，或者在以上两种情形下突然醒来，都可能会让自己的潜意识屈服于负面的信息编排。相反，我们可以教他们积极地编排处理大脑中的信息，例如在每天的一早一晚去听关于肯定自尊心的录音，或者做支持性的自我对话。

许多有孩子的教师和父母都说，肯定自尊心的练习结果非常惊人。我认识一位幼儿园的老师，她让孩子们每天早上来到教室的时候说三遍“我喜欢我自己”。没过多久，破坏性的行为消失了。一个孩子告诉另外一个孩子，“现在我喜欢您，因为我喜欢我自己。”稍大点的孩子有了长足的进步，比如，他们说：“有人爱我，我有能力。”或者“我爱自己，我接受我自己，我就是我。”通过不断的重复，这些话语在他们的潜意识里留下了深刻的印象，并最终影响到情感。一个孩子的自我情感可能是决定其快乐程度的一个最有说服力的因素。

“我是谁？”

没有文字，也没有话语，

可以教幼小的心灵

人之所以。

不是由书架上所有的书，

而是由老师们怎么做他们自己。

——佚名

所有的人，包括孩子们，都有更深层次的需要，他们想知道：我是谁？我从哪里来的？我为什么在这里？我要去哪里？我们必须帮助孩子们回答这些潜在的问题。我们来这里做什么是我们的使命，童年是其“预备时代”。作为家长和老师，我们帮助孩子应对社会生活的物质和精神需求。

需要提醒孩子们，我们来到这世上是为了学习，为了无条件的爱，为了扩大他们自己的意识，也为了真正地帮助别人，让世界变得更美好，这些都是您可以给出的一些答案。因而，暂时的损失、分离和生活的误解都不再是创伤。

肯定自尊心基于对我们真实自我的理解。我们的孩子知道自己是永恒而珍贵的吗？他们知道自己是体现着人类的完美与完整的独特个体吗？他们知道自己的存在就可证明自己的价值和重要性吗？他们知道没有人比自己更有价值或更重要吗？

我们的身体只是一个载体，帮助我们在地球上发挥功能，就像一辆车，作为一种工具，可以让我们到处走走。我们的意识来自于我们的全部生活经验，即便它一直在不断扩大，也是有限的。作为源泉的一种表现形式，它无法反映我们真实的完美。然而，我们总是能够在意识允许的范围内做得最好。我们的动机来自于我们的意识。事情发生之后，再去想我们本该做得更好，是一个错误的想法。在任何时刻，我们都尽最大努力做到最好，但片刻之后，我们可能又有不同的意识了。

我们的行为对真实的自我的反应，甚至还不如我们的意识。行为是我们做什么，而不是我们是谁。甘茨和哈蒙是这样解释的："你表现不错的时候，被称赞是好的；你表现差的时候，被称作不好的；那么，你经常接受这种错误的概念，即你就是你所作出的行为。然后，隐藏的信息进入你的大脑，就如同计算机一样开始编程：'如果我的行为不好，我就是不好；如果我的行为很好，我就是很好。''当我的行为不好或当我犯了一个错误时，我不配感觉良好。'"

在有的学校，一年级学生已开始伤害其他孩子的身体。老师让他们扮演小动物，当一个小动物要"伤害"另一个时，"受害者"会说："我爱（或喜欢）您，但我不喜欢你正在做的事。"孩子们开始这样告诉那些实际上已经伤害到他们的小朋友。如此一来，孩子们的行为发生了巨大的变化，他们开始把自己从自身的行为中分离出来。

研究自尊的著名学者巴克斯代尔，建议我们不断地重申："我无条件地接受自己作为一个独特而珍贵的个体存在，永远为自己的人生负责，在我目前意识允许下，永远做到最好，永远不断地增长智慧和爱心。"你可以考虑把这段话录在手机里，或者写在小卡片上，每天温习多次。

由于自卑是会传染的，因此，重要的是要专心于我们的自尊。这一点孩子们是从我们身上学到的。无论是教师还是家长，我们必须优先培养高水平的自尊。只有当我们能完全地、无条件地接纳我们自己，才有可能完全、无条件地接受别人。只有在我们心灵深处拥有高度自尊时，才能培养他们的高自尊。套用作家皮尔斯的话，我们通过医治他们的榜样——我们自己，来医治我们的孩子。

价值观

世上之事物本无善恶之分，乃思想使然。

——莎士比亚

人类和国家的命运是由支配他们做出判断的价值观决定的。

在跨文化的道德发展研究中，哈佛大学教授劳伦斯·科尔伯格发现了一个共同的发展过程。在每一种文化中，孩子都沿着相同的道德发展阶段，而且总是以相同的顺序，一步步发展。

孩子们无法理解超越他们自己所处阶段的道德推理。科尔伯格说，一个孩子的主动推理高于他水平的应有阶段，是因为这一阶段可以解决更多的问题。但只有冲突发生时，也就是孩子的人生观并不足以应对一个所处的道德情境时，孩子才能发展到下一个更高的阶段。

面对不平等，孩子会主动去寻求更好的、更充分的理由。

因此，基本的价值观教育与道德发展的传统阶段是一致的，其目的是维持现存的社会秩序。孩子们在进入到下一个规则阶段之前，需要感受到它的结构，在这个结构中，人们按照超越现有的社会习俗的理想规则行事。在后面“宇宙法则”小节里，我们会讨论这个阶段。人们经过道德推理阶段转变的速度大不相同。价值观教育，通常被称为人格教育，是一种实用的方法，来学习选择最有利于内心快乐和持久满足感的生活方式。这似乎是孩子理解宇宙法则的第一步。青少年犯罪、未成年少女怀孕、滥用药物和其他年轻人的社会问题，凸显出对价值观教育的需求。许多观察家认为，我们的社会乃至世界的存在，都取决于对有活力的道德生活的广泛更新。家长和教育工作者都意识到，回归包括伦理和责任教育，是非常重要的。

最近的一项盖洛普民意调查显示，绝大多数的美国人认为，他们希望学校做两件事情：首先，教孩子阅读、说话、思考、写作，并且正确计数；其次要帮助孩子形成可靠的是非观，以指导他们的人生。

美国前教育部长威廉·贝内特在一次演讲中说，“如果我们希望自己的孩子拥有我们最欣赏的人格特质，就需要让他们知道这些特质是什么。”他接着说：“通过向我们的孩子展示良好的人格，并让他们模仿，我们将帮助他们发展自己的人格……我们必须要有这样的教师和校长，不仅能说明对与错之间的区别，而且能努力把这种区别在学生面前展现出来。”

家长和教育工作者都觉得需要一项教育计划，要包括构建生活和塑造人格的思想——一项课程旨在帮助孩子实践文明的基本价值观。

有许多这样的人格教育计划可供选择。最近遇到的一个教育计划我很喜欢，因为它既有综合性，设计又简单，而且不用花一分钱去适应，这就是“人类共同价值观教育”。它的发起人是斯里·沙迪亚·赛·巴巴，他在印度一所大学担任校长，也是那里一个网络学校的创始人。“人类共同价值观教育计划”已经被教育工作者们采纳，应用于包括美国在内许多国家的文化建设。

该计划确定了五个基本价值观：真理、正确的行为、和平、爱和非暴力，并在每一种价值观下，列出了完整的内容，所包括的都是世界上最伟大文明的最高价值观。两者合在一起，他们提供了“人格教育计划”。因此，“追求真理会带来正确的行为，正确的行为促进和平，和平使爱流动，爱扩展到非暴力。”

让我们来看看人格教育计划里每个价值观都有什么含义。

1. 爱是生命的最高价值。它不是一种情感的能量，而是能量的本源，就像太阳的光和热一样，从我们每个人身上辐射开来。它告诉我们基本价值观的相互关系：爱是思想，表现在真理；爱是行动，表现在正确的行为；爱是情感，表现在和平；爱是理解，表现在非暴力（无害）。

通过培养自尊和自信，开启爱的流动。爱的内容包括怜悯、奉献、关爱、宽容、善意、信任、接纳、分享、慷慨、耐心和理解。孩子通过模仿我们的爱，来点燃他们的爱。

2. 真理。人类被赋予了两种奇妙的能力，即记忆和直觉，都能在孩子身上得到开发，使他们离实现真理更近些。

记忆是我们在正确的时间保留和召回信息与知识的能力。真理存在于记忆层的基石之上。我们可以通过对话、歌曲和故事的方式帮助孩子提高他们的记忆力。直觉是心灵的智慧。通常被称为第六感或先知，这是我们所有天才火花后面的洞察能力和存在能力。通过静心或倾听内心能够获得心理平静，而平静又有利于直觉和创造力的发展。

真理的某些内容包括知悉、诚实、乐观、追求知识、自觉、探究精神和自我实现。

3. 正确的行为。真理表现在行动中即为正确的行为。依据人格教育计划，正确的行为把积极的思想引入到有目的和有益的活动中。它能通过以下这些技能实践获得：合作、责任、诚信、领导力、有效地利用时间、演讲、精力管理、倾听、服从指令、专注于手头的任务、喜爱书籍、准时和个人卫生。

通过培养这些技能，“孩子们实现他们的潜能，为自己的幸福和别人的福祉做出贡献。”

4. 和平是一种情感的平衡。它就像一个极深的水库，蓄满了内在的宁静。这种宁静的状态，如果暂时隐藏，可以由从不安和压力中培养自由的训练里再次发现。我们需要帮助孩子们掌握一些方法去承受那些与内心和平相反的压力，以便让他们内在的宁静，即使在不利的环境下，也可以承受这些压力。静默地坐一两分钟或站一两分钟，是推荐给年幼孩子们的一种静心形式。

情感的平衡也可以通过以下方面获取：自尊、友好、谦逊、诚实、公平竞争、与他人分享、尊重所有人的权利和尊重教师的权利。这些素质的发展，消除了所有和平道路上的绊脚石，而占有欲、贪婪、骄傲、嫉妒、仇恨和愤怒等倾向则不复存在。

和平的内容包括满足、内心的安静、忍耐、沉思、满意、自我接纳、自我控制、自我尊重、理解和乐观。

5. 非暴力。培养的是孩子对生活和自然元素的尊重。它涉及到的是最本质的合一性和所有万物的统一。非暴力的根本意义是要做到仁慈而不伤害他人。在思想、行为和情感反应上它是没有伤害的，对他人的周全考虑表现在关爱、乐于助人的行为，关注平等、正义和团结意识方面。非暴力教授了解决冲突的建设性方法。

孩子们能逐渐体会到他们的思想、言语和行为将对自己身边的人产生影响。他们对自己个性的表达控制得越多，就越能帮助创造一个和平的世界。

非暴力价值观所包括的内容可以是心理上的，比如怜悯、珍爱所有生命、合作和良好的举止；也可以是社会性的，例如兄弟、公民身份、社会公正、平等、服务他人与欣赏其他文化和宗教。

为了直接教授这些价值观，人格教育计划建议采用五种方法，本书后面的游戏活动部分将重点呈现：自控力、自我对话、听故事、参与小组或创意活动。

人格教育为宁静设置了舞台，可以让孩子探索自己内心的自我和发现他们的天性。有了这五个行为标准，孩子们可以学会问自己，掰着他们的五个手指头数着：它可爱吗？它是真实的吗？它是无害的吗？它是正确的行为吗？它带来和平了吗？

宇宙法则

外在的教育是人文关怀。

内在的教育是与人性合一。

如果没有关怀，就没有合一性。

但如果有合一性，那么关爱会自动出现。

——钦莫伊

我们可以把“外在的教育”看成是价值观教育，把“内在的教育”看成是宇宙法则。

宇宙法则是真理，由数个世纪的神秘主义揭示，由哲学家们证实，由现实生活中实验室里的科学家们证明。这些法则是不变的，他们不会因时间、地点、情境或人而改变。它们是永恒的。我们可以从这些法则的普遍性上感受极大的舒适和安全，正是这些普遍性，告诉了我们万物之间的相互关系。

对于所有的孩子来说，与读、写、算这基本的“三会”相比，这些法则是多么的重要啊！

最关键的是我们的意识。我们的意识与宇宙法则越多地结合在一起，我们可用的能量越多。我们更多地打开自己的心扉，让能量流经我们，我们就会更多地拥有富足、健康和创造力。我们自我控制得越多，我们的快乐就越多。

下面这些宇宙法则可以帮助增强我们与生俱来的天性。这些法则就本质而言趋于重叠，许多法则其实就是解释最基本的规律。

● 无私的爱

宇宙中唯一的存在和力量是无私的爱，它展示至臻之美。我们通过观察自己和别人的完美，来展示这种完美。我们有自由的意志，但是，这种意志既可以帮助看到我们自己和孩子身上的完整和纯净，也可以扭曲我们的视野，看到假象。要牢记的法则是：无论我们所看到的有多么不完美，都是一种假象。在每一种表现形式后面，都存在着神圣和美好。

波利·波伦兹（《完整的孩子，完整的父母》的作者）说："父母只有在意识里勾勒出一个清晰完美的孩子的画面，清楚看到所有的不完美都与孩子真实的存在无关，才能让孩子远离无关的行为，用最快、最轻松的方式真正地成长。"

我这里有一个很好的例子，讲的是一个人通过无私的爱选择自己的生活。这是一封信，我多年来都认为它非常鼓舞人心。

> 我想告诉您有关我眼睛的事。从前，我的眼睛是看不到的，如今我能看见了。离开纽约，远离自己，这太棒了。我已经学会了去展示，而且也要告诉您这精彩的秘密是什么，因为它太棒了。
>
> 现在，这个秘密是：不要去看、不要去听、不要去重复任何的不完美，在任何时候、任何情况下，都要不顾一切地去看、去听、去重复好的东西，只看好的事情。
>
> 每个早晨，我一睁开眼睛就这样决定，并且在一天中每个小时都照做。我看到了完美——完美的因，完美的果，完美的人，拒绝任何形式的例外。不管是在我自己身上，我的

朋友们身上，我所谓的敌人身上，我的事里，还是在世界上的事里，我都拒绝承认有一丝一毫的瑕疵。

我信奉上天所创造的任何事、任何人都是完美的。我用上天赐予我的眼睛来看这个世界，就像上天在看它一样。我拒绝以任何其他方式看这个世界。

一天里，我停下十几次更新我的决心，并确保我不会重复错误，让位给恐惧和批评。我观察我的思想，甚至对人的想法，例如瘸子、老人、不可爱的人（感觉上），还有对流浪动物的想法。我的立场就是万物皆完美，而我不会，绝对不会，公开完美的标准。结果太不可思议了，缓慢而奇妙。我再也不需要眼镜了，它们已经变得多余。

外在的条件是我们内心思维的图像。

要改变这个图像，一个人必须改变产生这个图像的想法。

这个女人懂得如何“让您的眼睛是唯一的”。她之所见，不是世界上那么多的不完美，而是在她们身后唯一的完美，宇宙的完美。

她的情况对您而言，似乎很极端。但她确实告诉我们，一旦我们的意识有所改变，这个虚幻的世界也将发生变化。

下面的一个简单解释，大多数孩子很好理解。想想一碗沙子。它看起来是灰色的，但其实由黑色和白色颗粒组成。在沙子之中，一个小的微生物只会看到黑色和白色山脉，一个人会看到只有一碗灰色的沙子，一个巨人甚至根本看不到这碗沙子。每个个体从不同的视角正确地看到了真相，正是基于其角度，一直在运转着的角度。

● 因果定律

这是人们最熟悉和最基本的宇宙法则。在东方，它被称为因果报应，而西方说的是吸引力法则。它的意思是，每个想法，每种情感，或是每个行为，都有相应的结果。此法则使我们能够创建并指导自己的命运。

整个人类的生命就是因与果。这就意味着，宇宙中没有任何意外，也同样没有任何受害者。我们是各种情境的创造者。

爱默生告诉我们："任何进入您生活的事情，其根由在您内心。"我们经历的是我们同意体验的或者是我们相信的。有人这样说，"您得到您所期望的"。我们的期望往往是潜意识的信念，好多年来它们一直深深地埋藏在我们内心，但是我们可以通过观察我们所拥有的找出它们。我们吸引的是与我们发射的能量信号一致的情境。

由于我们知道这不是一个充满偶然的世界，我们的快乐也因此而增强。没有任何东西可以不请自来进入体验。我们是"选择的主人"，如果我们在不经意间创建了一个体验，却不是我们所喜欢的，我们可以选择一个积极的心态去应对它，减少它对我们的影响。

因果定律是我们的一位奇妙老师。如果我们全身心地关注我们的"因"如何，那么，就创造了我们生命中的每一分钟美好。吸引力法则的意思是，无论我们的思想、情感和习惯如何，都会吸引有类似情形的其他人。换句话说，"物以类聚"，恐惧吸引恐惧，爱吸引爱。有时候，当我们在监控我们的思想和情感时，与因果定律相比，更容易记住吸引力法则。

● 得失原则

与因果定律类似，它也被称为给予和获得原则。通过它，我们明白，给予和接收是一样的。给予带来获得，获得带来给予，如此反复。既然知道当我们给予时，我们也获得；当我们获得时，我们也给予，那就最好是快乐地给予和获得。我们的获得经常来自一个意想不到的源泉，并且总是在最需要的时候。固守着我们所仅有的，只能阻碍获得流向我们，我们给予的越多，获得的也越多。

● 专注法则

这可以通过几种方式来说明：我们的注意力去哪儿，能量就流到哪儿；我们全神贯注的力量会扩张；引起我们注意力的东西也会让我们关注；不同的关注之后，在脑海里产生了各种想法。或者简单地说，能源紧随着思想。理解这个法则的一个有用的方法，就是考虑您想要什么，而不是您不想要的东西。很多时候，我们把所有的注意力放在问题上，我们担心它，谈论它，想象它，然后我们想知道为什么问题变得更大了而不是更小了，或者不知道为什么，即使最终勉强解决了问题，类似的问题还会出现。

我们全神贯注的力量会扩张，所以如果我们专注于缺乏、怀疑、嫉妒、愤怒、自我怜悯以及类似的情感，我们将给自身的体验带来更多这类的情感。如果情感伴随着思想，则更加严重，因为情感是背后体现的力量。当我们的思想和情感都认同我们是值得快乐的，那么，在我们的生活里，我们就打开了通往快乐的大门。

● 合一法则

如果我们专注于我们的最高理想，我们将吸收来自最高层次振动的能量。我们将与抱有同样想法的人自成一体。相反地，如果我们沉迷于低层次的思考，例如偏执或嫉妒，我们就会不自觉地放纵自己，去吸收低层次振动的能量。

我们的生活就是我们的实验室，在那里，我们可以实践我们所知的最好的东西。我们可以鼓励孩子（和我们自己）做一切事情都要奔着最高目标。例如，如果一个孩子有一个课外兼职，他可以把这仅仅作为赚取金钱和获得工作经验的手段，他也可以把这作为一个机会来练习诸如下面的宇宙法则：非论断性合作、信任、怜悯和无条件接受。

首先，让孩子思考每个活动的目的，帮助他们把重点放在最高的理想之上。它可能是一个每天不断发生变化的目标，可帮助他们达到一个对他们而言有意义的理想，而不是每天的“待办事项”列表中的一个。有个孩子说，那天她来上学的目标，是“通过爱自己和他人感到快乐”。当要做出选择时，如果一个孩子能知道哪些选择与他的目标一致，他的选择就容易多了。

要调整自己与最高理想一致。建议在起床之前做一个理想的每日训练。训练时，我们要与想感受的快乐联系在一起，然后再把它投射到当天的活动中。

作为家长和老师，我们的首要任务不是为孩子做事情，而是在我们的脑海中，印刻下他们的完美，他们的合一性，他们的善良，他们的天性。正如波伦兹所说的：“为人父母的最大任务就是思考。”你要知道，他们能够体会到你对他们的所知、所感和所见。

有一天，我的一个教师朋友，欢天喜地地打电话来，告诉我刚刚天性如何处理了她的生活细节。很明显地，从她想减轻她的教学负担的那一刻起，成为理想老师、有教学技能的其他人，很想要这份额外的工作，都走上前来帮忙。细节就是当我们与理想一体时，我们将快速得到支持。

● 倾听直觉

要想保持与最高的思想和情感一致，可以通过倾听内心进行训练。当我们倾听，而不是过于强调我们的个性或自我，我们就会感受到生活中不必要的斗争和纠结，我们的“奋斗”跌倒了。倾听我们的直觉，就是放手，并让天性处理细节。倾听直觉的一个重要方面，是聆听我们的身体和内心，与无穷智慧连接。

● 原谅原则

无条件地接受自己和他人，意味着不去理睬价值论断。我们之所以会论断，是因为没有看到内在的人，真正的自我。

有人说，我们90%的心理活动都是围绕着牢骚、抱怨和价值判断运作着，其中有许多我们甚至都没有意识到。它们是根深蒂固的习惯，由我们的文化塑造而成，它们由自卑而生。爱荷华州埃姆斯城的研究人员，研究观察在家的父母和学前孩子，得出报告结论是：父母每用1个正面评论，就夹杂着14个负面评论，那些两三岁的学龄前孩子平均每天要接收432个负面评论。另一项研究表明，教师对学生的评论中，1个积极评论，就会有3个负面评论。更为重要的是，当我们想到，与正面评论相比，青少年更容易接收到负面评论，而那些自卑的孩子可能会屏蔽掉所有正面评论，因为“这不是我”。

判断是自爱的一个障碍，通过你的判断拒绝别人，你已经在潜意识里设定了这样一个信息，即在某些情况下，你只打算接受自己，这导致了关于自我批评的内心对话。

价值观判断和怜悯不能共存。要释放被判断阻止的能量，就必须原谅自己和其他人。宽恕的真正意义是释放批评和价值观判断，就是要放弃想报仇的任何想法。它始于我们有差异地观察事情的意愿，但这并不意味着我们必须喜欢其他人的行为。

● 知足法则

知足给了我们一个绝佳的机会去训练与最高思想和情感保持一致。请记住，情感是创造的秘密，我们全神贯注的力量会扩张，所以，我们需要做的就是练习具有知足的情感。

帮助孩子认识到自己生活中的富足，比如能源、玩具、服装、食品、书籍、旅行、宠物、朋友、零花钱，并每天给予感恩，这再早也不过分。表达感恩是一种很棒的方法，它让我们集中我们的能量，聚焦在我们想提高的东西上。

孩子天性中很容易知足。一颗糖果就让他们学得心满意足、喜笑颜开。通常是成人的意识阻止了天性和知足在他们生活中的自然流动。让我们教会他们永远不要因为物质世界的富足而去关注它，而要关注他们周围这些无形的能量。有形的总是通过我们的思想和情感来自于无形的。

现在就是一切。困扰于自己的过去和未来，已经耗费了孩子和成年人很多快乐，毕竟过去和未来是不存在的。年轻的孩子们比成年人更幸福，因为他们不计较过去，他们也并不试图控制未来。

没有任何时刻能比手头上的时间有更多潜能去追求和平与快乐了。“所有的生命都在今天。帮助您的孩子留在今天。”当你不谈论任何与过去或未来有关的事情时，试着花些时间与孩子呆在一起。让他们知道，当他们面对困难时，为了与他们可以得到的指导相一致，他们必须完全地活在当下。

● 镜像法则

其他人反射给我们的是存在于我们内心、意识里的东西。或者，换句话说，我们如何看待这个世界，是存在于我们脑海中的一切镜像。

> 我们可以把孩子看作为一种手镜，在那里我们可以感知，提高我们对自己和生活的精神影像……我们的孩子不是我们自己的影像，而是我们对自己思想的影像。影像本身不能被指责或纠正，甚至我们也不能挑剔或纠正我们自己，皆因影像的缘故。在这面镜子里，我们看不到我们或者孩子的真正自我，但仅有我们对自己的信念和现实的反射。因此，我们绝不能恐惧地或者内疚地审视我们之所见，亦或指责，亦或任何使影像变成真实的想法……要尽量纠正孩子，就像是用一个口红在镜子里不高兴的影像的脸上画个笑脸。要纠正或试图改变自己，就像是用一个口红在不高兴的影像脸上画一个笑脸。这两种行为都是荒谬的。只有掌握了真正快乐的东西，使用一个真正的笑脸，才能在脸与

验的反射之间转换。

为了帮助保持我们内心的喜乐和平静，我们可以用一只手镜提醒自己，我们体验的是我们的心灵向外投射出去的恐惧、怀疑、困惑、缺乏，或爱情、和平、秩序和富足。

镜像法则是一个巧妙的装置，揭示我们需要在哪方面努力。这并不意味着，如果我们遇到一个贼，我们就是一家人。这意味着我们有一个针对盗窃的论断，我们需要研究的就是这个论断。我们可以通过清除我们自己的意识之镜为别人提供最好的服务，以便让他们看到的只有神圣的自我，再无其他。无私的爱是个方法。任何一面镜子，如果展示给我们除了爱以外的东西，就不是反射我们存在的真理。

● 爱的定律

爱是宇宙中完全的信任。爱，什么都不怕。我们不断地选择来自爱或来自恐惧。

让我们不断地问自己：我们的思想，我们的行为，我们的情感是植根于爱还是恐惧？当我们和孩子们说话，不是发自于我们恐惧的自我（没有严格的规则、秩序以及判断），而是来自于爱时，他们将感受到多么的平和和快乐啊。

提醒自己经常翻一翻爱的镜头。

最后，宇宙法则告诉我们，我们的精神世界是如何运转的。它们是人类价值观的自然成果。人格教育是我们人类发展的必经阶段。生活中以这些标准为指导，孩子们获得一份内心的平静，它能促进他们意识的扩张，天性的释放。随着时间的推移，当他们接受了每个人和万物的合一性以及完美性时，就达到了一个较高的阶段。

您可以在非正式场合，比如穿衣服、开车、散步、吃饭、饭前准备和饭后清理时教导这些真理。您可以每星期与您的孩子选择专注于一条法则或价值观，您可选择静默或做游戏，让孩子在她的理解水平上轻松掌握这些法则或价值观。当孩子们学会天性和宇宙法则和谐共处时，将帮助他们了解内疚、愤怒、伤害和混乱是如何消逝的，他们生活的各个方面将变得更加快乐。

第三章

给父母与教师的教育指南

——孩子从所爱的人身上学得最多

家长和老师所能想到的最高目标，就是看到孩子们的完美、独特和圣洁，这就是无私的爱。孩子们都非常清楚，爱何时存在，何时不在。我们内心的所感恰是我们真正要教的，而不是我们告诉孩子，或让孩子去做，甚至也不是我们自己做什么，它正与流行的观点相反。研究表明，年幼的孩子“印记”我们没有表达的思想和情感，他开始学会思考和感受我们的所思和所感，以及我们内心的所为。

榜样的意识传播

我们意识的状态直接印刻在孩子的意识里，

并相应地转化为幸福或痛苦。

——波利·波伦兹

现在我们知道，孩子的学习有95%都是通过无意识的印刻或者可用的学习榜样，自动完成了学习过程。这一结论由心理和教育专家皮尔斯研究并提出。

皮尔斯指出，平均只有5%的幼儿的思想是我们能通过言语训练有意识地支配的。我们所有用来改正孩子行为的要求、指示和命令，只占到了他学习过程的5%。我们未明确表达出来的思想和情感教给他另外95%的知识——在他的意识水平范围内。到两岁时，我们的孩子就能反映出我们隐藏的错误：他们已经是真实的我们，而不是我们自称的自我，在他们身上打下了烙印。皮尔斯指出，孩子们会不惜一切代价地追随他们的榜样。

他还分享了一个最适合的引言：

> 在您所思、所感、所为、所言之前，这是一个合一的整体，您的这一切，不仅是在与自己作战，夺去了您自己的能量，而且您还自动地粉碎、撕裂您遇到的每一个孩子。

孩子们迟早要以他们自己的错误信仰方式，开始呈现父母的错误。因此，父母的意识必须要进行矫正，而之前认为孩子必须要矫正的观念，简直是一种荒谬和冒犯。

1903年出版了一本关于新思想的书，记录了一个真实的故事。这个故事就发生在20世纪，这些也不一定是多么新奇的想法，但它是如此的美妙。

> 因为知道我对所有的新思想教学很感兴趣，所以这个故事中的父亲有一天来找我“聊聊天”。他直奔主题。他是一个中年男子，衣着光鲜，非常得体，十足的商人。
>
> “现在，”他说，“我看起来不像是个怪人，是吧？您会把我当成一个普通的，再平常不过的人，不会认为我和其他人不一样吧？”我向他保证，这一点他可以完全放心。
>
> “嗯，我想我会直接问您的观点的，”他说，“因为在我

们家，事情已经发生了，我称它为一个奇迹！不，也不能这样说。我的意思是这个影响是不可思议的，呵呵，意思是一样的。现在，让我告诉您这件事，也许对您不觉得新鲜，但我告诉您，它在我们的家庭里产生了影响，有很大的影响！

“我们有一个独生女儿，十来岁，是个快乐、健康、聪明的孩子，反应敏捷。大约一年前，我们与这个年轻的生命都经历了什么，您永远不会相信！对我来说，她就像是着魔了。她陷入愤怒、跺脚、咬东西、踢东西、砸东西的状态中，任何东西她都不放过。

“我们骂她，哄着她，鞭打她，把她关在她的房间里，饿她——是的，我很惭愧地说，很多次我们不让她吃晚餐就去睡觉了，我们能想到的一切都做了——都不管用，不管用，白白地浪费时间。我告诉您我记得的一件事，让您对她的状态有个概念。一天，她的母亲给她换上了一套新衣服，新鞋子，浑身上下都是新的，当她准备出去散步时，您能想象这个小坏蛋做了什么吗？她跑到了洗手间，再把自己反锁在里面；放满浴缸的水，在里面打滚，弄湿了身上的所有新衣服。该打屁股吧！好吧，这只是千分之一，对她我们没有办法了。

“有一天，我妻子对我说，‘你总是在谈论新思想，在生意上它给你带来了那么大的成效，为什么我们不在梅布尔身上尝试一下新思想呢？’‘这不一样，’我说，‘梅布尔太小了，她不懂，再说，她也不听一切都是好的这类话。’‘不，’我的妻子说，‘但你可以用一种她愿意听的方式讲给她听。

在她听得到的时候，你可以向我赞美她，我可以回应你的话，用这种方式，我们可能会消除一些我们已经做的伤害！’我感到很惊讶。‘伤害！’我说，‘我们伤害她什么了？为了这个忘恩负义的小坏蛋，难道我们不是放弃了我们自己的舒适与安宁吗？难道她没扰乱你所有的幸福吗？你把所有的爱都浪费在她身上，她曾经向你表示过任何的感激吗？’

“但是，我的妻子打断了我的话。‘这就是我们犯错的地方，’她说，‘我们正在给孩子造成很大的伤害。每一次她发脾气，都是我们造成的。是我们把这个孩子变成了现在这个样子。现在，如果我们可以抵消以前的所作所为，我们必须去做。你一定要帮我。首先，你必须参与大部分的培训计划，因为她将会发现更多你说的事情。你知道，跟我相比，她更怕你。’您知道，一个父亲听到这些，是一个相当难受的事，因为我一直很爱这个孩子，并试图尽我所能地为她付出，这是真的。

“因此，我们编造了我们的情节，并决心立即把它付诸实践。在家里，我一直在谈论新思想，但是，当谈到把新的思想应用到我们自己女儿身上时，我却不得不让我的妻子绘制出计划，然后我听从她的指挥。当晚，我们有一个很好的机会，可以开始了。吃晚餐时，梅布尔以为我没看到，打翻了放在桌子上的盐，当我为此责备她时，她嚎叫着哭泣，边哭边拳打脚踢，跑到房间外面去。我的妻子看着我，非常恼火的样子，仿佛我把事情给搞砸了，对我说：‘你错过了一个很好的机会！’

‘她调皮捣蛋，打翻了盐，你不会要我夸她吧，你会吗？’我说。

‘不会，但你不知道，’她说，‘是我们让她调皮的。我们必须从她的头脑中赶走恶作剧的念头。现在，我们必须忽略她的缺点，坚持，始终坚持相信她的善良！’

“好了，有多少次我不得不咬着牙不说话。接下来的两周里，她几乎制造了各种各样的恶作剧，但是，每一天，当我回到家，把她揽在我的怀里，说：‘噢，我的女儿是整个世界上最好的和最可爱的。我认识的女孩，没有人能跟我的梅布尔一样好！’我的妻子会说：‘一整天了，她一直这么乖，现在，她从来不让我头疼。我为她感到骄傲！’这就是我们夫妻俩相互谈论梅布尔的方式，我们想的很周到，确保她也听到这一切。尽管我都想放弃这个游戏了。我们似乎进展缓慢，真的感觉就是，一路走来，好像说了很多谎言。

但是我的妻子通常有她自己看问题的方式，她说她能看到孩子有变化。‘你看不出来，’她说，‘因为你不和她在一起，但我一直在观察她，我可以看到她正在努力做得更好。’

有一天，当我回到家，我妻子在客厅里见到我，‘这完全是正确的，’她兴奋地说，‘我晚会儿告诉你这一切。’那天晚上，梅布尔主动爬上了我的膝盖，并搂着我的脖子。‘我要成为你说过的样子，’她低声说，‘做世界上最好的孩子。’这就是她现在的样子。她的坏脾气都没有了，她渴望帮助我们。她很快乐，就像阳光一样。改变就是这样发生的。”

这个教训似乎是显而易见的。由我们传递的意识要比其他任何方式教给孩子们更多的东西。空间不会有任何影响。一个孩子远在千里之外，仍然通过我们对他或她固定的想法生活在我们的意识中。许多思想传播的故事都证明了这一点。它是有效的，因为我们在内心里唤醒了我们对他们的信念。信念传递的振动会一直持续，直到它唤醒了其他人产生相应的振动。

圣哲告诉我们，对于那些我们不愿意在自己身上看到的缺点，永远也不要相信别人有这些缺点。去唤醒他人心里的一种状态，首先必须唤醒存在于我们自己意识里的这种状态。这就是黄金法则的智慧所在。在西方，我们说，“为别人做，因为您希望别人也为您做”，但我更喜欢东方的版本：“己所不欲，勿施于人。”

另一个有趣的故事，是关于一个年幼的孩子如何在他的环境里印刻意识的。一名爱斯基摩巫师把5岁的儿子渥泰克留在了狼群里，时间长达24小时。在这段时间里，小狼和这个胖娃娃一起玩耍。由于他的这段经历，渥泰克学会了狼的语言，他可以告诉部落里的人，狼在说什么：在哪里可以找到驯鹿，或知道访客离帐篷还有几小时的路。

也许有关意识传播最有名的故事是“第一百只猴子”。它告诉我们，当有足够多的人都知道了一件事情，所有的人都会知道。

> 一种日本野生猴子已被观察了30多年。1952年，在幸岛上，科学家们把红薯扔在沙滩上，让这些猴子吃。猴子们喜欢生红薯的味道，却不喜欢沙子。一只18个月大的猴子发现，她可以在附近的溪流中通过清洗红薯解决这个问题。她把这招儿教给了她的母亲。她的玩伴们也学会了，然后再教给他们的母亲。科学家们观察到了这一文化更新的传播。

从1952年到1958年的这段时间里，所有的小猴子都学会了把带沙的红薯洗干净。成年猴子中，学会这样做的仅有那些模仿了他们孩子的；其他的成年猴子仍然继续吃带沙的脏红薯。后来，在1958年的秋天，令人吃惊的事情发生了。一天早上，太阳升起来了，有些幸岛猴子学会了洗他们自己的红薯，我们数了数，确切地说是99只。那天早上晚些时候，第100只猴子也学会了。事情就这样发生了！到那个晚上，几乎所有的猴子都洗红薯吃。第一百只猴子补充的能量莫名其妙地产生了意识的突破。

最令人惊讶的是，科学家们观察到，洗红薯的习惯，自动越过了海水，传到了其他猴子聚集的岛屿上，并到了高崎山大陆的猴子部落里。看来，当我们中的某个临界数量获取了某种感知，这种新的感知可以通过意识进行传播。

向孩子们学习

正如这些日本猴子向自己的孩子学会了洗红薯一样，我们也要向我们的孩子学习。事实已经表明，我们的孩子真的可以成为我们的老师。当我们互换角色，看着他们教给我们如何生活时，我们也让自己增长了阅历，能够更好地生活。

罗恩·斯玛特曼博士说，“与任何教授、心理学家相比，您可以从孩子身上学到更多您一生中最有意义的事情。”他们怎么教我们？“孩子们以他们的存在而不是知识来教我们。”他说。他们的“存在”通过镜像的方法教导我们。我已经解释了我们内心的思想和情感是如何在孩子们的意识层次下印刻在他们身上的。通过印刻，他们成为我们意识状态的完美镜像。年幼的孩子将反映我们的内部状态。当我们都相安无事，孩子也处于平和之中。当我们焦急，孩子也急了，并开始表现出来。孩子们的行为是我们真实情感的风向标。

教师“仔细地观察每一个在您面前的学生。他就是您自我的一个表达。这种表达也许您还没有允许自己认识到。这是他在这里的目的，就如您的存在对他是一个机会一样，他可以看到在您身上反映出来的他自己的各个方面。”

诚实的家长和老师都会反省自己，观察内心，并学到更多关于他们自己的东西，学到更多他们来到这里向孩子们学习的教训。给予无条件的爱是我们所有人的一个基本课程。孩子们愿意让我们有种种经历，帮助我们看清我们的爱是多么的包含条件。如果我们的给予是为了某种方式的获取，孩子们是会知道的。孩子的心灵渴望父母的爱，而不是渴望我们常常用物质方面的礼物来代替爱。

如果我们愿意去这样看我们的孩子，承认有一位“老师”住在我们的家中，可以唤醒极大的天性，就要求我们不去考虑实际年龄大小和身材高矮。虽然我们的身体高大，我们的孩子们却在灵性上显得更加智慧。一个重要原因是小孩子还未由于社会环境调节的原因与他们的心灵源头断开，很多小孩子是“天性使然”。

作为家长和老师，我们常常提醒自己，如果我们发现孩子的感知和能力超越我们，不要让我们的骄傲作怪。如果我们以一种开放的心态面对，那么我们从他们身上学到的要比教给他们的更多。这样的学习，要求我们变得像小孩子一样——开放并接受新观念，接受内心的真实感知。

一想到我的孩子，我总是被纪伯伦有关孩子的不朽名言所慰藉。

他们是借您们而来，但不是从您们而来，

虽然他们和您们在一起，却不属于您们。

您们可以给他们爱，但给不了您们的思想。

因为他们有自己的思想。

您们可以荫庇他们的身体，但不能荫庇他们的灵魂，

因为他们的灵魂住在“明日”的房子里，

您不能去拜访，甚至在您梦里也不能。

您们可以努力去模仿他们，却不能使他们像您们一样。

我经常介绍给别人说，我在读高中的儿子是我的老师，我非常真诚地这样认为。他以一种美妙的方式成为我的老师，总是在我的意识已经暂时滑落时提醒我。举例来说，我可以说某样东西让我很生气，这时他会提醒我，我正在选择愤怒。最近他已经转向到价值观判断角度，每次都一语中的。有一天，当我又开始评判一件事情时，他问，“妈妈，您觉得阿诺德·派坦特对此会说些什么呢？”我喜爱他这种方式。

当我最需要提醒时，往往只是他的“存在”就会提醒我宇宙法则，你能后退一步，而不会陷入当局者迷的境地，我已经从他那里学到了很多东西。

我的女儿，以她自己独特的方式，已经丝毫不亚于我的老师。因为她比我的儿子大五岁，而且那时我也没有这么明白，所以以前并不认她为“老师”，尽管我每天都从她身上学习。坚持自己，敢于冒险，反应敏捷，高效果断，这些只是她教给我众多事情中很小的一部分。我常常觉得她是一个聪慧的老朋友，来到我面前，展现给我观察世界的另一种方式，支持我。往往是我们的孩子在这里教给我们一些非常

难的功课，比如无论他们做什么，我们都要无条件地爱他们。

教育专家保罗·韦尔特说："把孩子们看成老师的第一步，就是要与他们观察事物的水平一样，甚至还要再低一些，这样您可以仰视他们了。下一步是与他们一起做些事情。当您做的时候，密切地观察他们，并认真倾听他们的意见。最后，反思您从他们身上所学到的关于生活的一切。"

韦尔特讨论了孩子教给我们的一些生活中的功课：有信心，信任和希望，诚实和敏感，表达爱，有一种好奇的感觉，随性，笑容，宽容，创造，思考，学会玩耍、唱歌。

你一定很纳闷孩子是如何教我们的呢?

教学的思考

孩子自己教育自己。

若老师认为是他一直在教，那么他便毁了一切。

——斯瓦米·维韦卡南达

教育家维韦卡南达说："与养一株植物要您所做的相比，您教给孩子的不会更多。"植物和孩子的成长要依靠他们的天性，而我们要做的就是帮助他们以自己的自然方式向前走。

就其本性而言，植物知道自己成长和发展需要什么样的营养。孩子也一样，他们需要我们供给的就是爱。爱是"生命的力量"，是他们所需的高于一切的食物，因为爱是他们自己。这是每个人真正的天性。

孩子们需要知道，我们所有人的心里都天生有爱的种子——就像土壤里一棵树的种子，如果正确地培育，种子会生长成为一棵既高大又美丽的树。而教育的真正目的，正如它的拉丁词根（duc）所暗示的那样，是把已经存在的一体和完美带出来。这便是心灵开启的过程。家长和教师的真正作用，是帮助孩子们跟本已存在于他们内心的一切相连接，并把它带出来。

我们可以服务孩子们的最好方式是鼓励他们，把他们生命中的天赋展示出来，教给他们真正需要学习的东西，而不是我们认为他们需要的东西。

还有一种教学思想。当您教一个人时，您也教会了您自己。我们建议，把我们的教学做好，因为这样自己才能学习。我们现在所教的也正教育了我们。

教师必须做的准备

我们传授我们的为人，以及我们眼中的他人。

——《奇迹课程》

孩子们需要榜样——作为行为模范支持的人。这就是为什么对于做指导的成人而言，“说到做到”如此重要——要“言行一致”。孩子们需要这样的老师——他们的内心平和、有爱、有快乐。

日常生活的压力，在我们知道要做什么与我们实际上做了什么之间，可以产生巨大的差距。往往最后并没有做出最好的表率，也没有展示出孩子们从我们这里所需的敏感和清醒。

做好的答案就在保持专注。专注是心灵和身体的结合，可以帮助我们建立内在平静的蓄水池。专注是又回到我们行为的根基，使我们自己静下心来，把我们的视线引向内心。教师迈克尔・尼泰・德兰嘉说："我的经验是，定期的、深度的冥想是教师有效准备的最直接的手段，甚至优先于花时间准备教案或背景知识的准备。"他指出教师冥想的四大好处：

1. 增加对学生需求的认识。如，对他们能量水平的敏感度。

2. 洞察学生困惑的早期阶段，此时能得到纠正措施的，可以说是微乎其微的。

3. 提高对学生行为的认知。如，冥想让人平静，并区分开情感和思想。

4. 加深对爱和天性的容纳，带来更多与孩子们之间爱的关系。

如果教师在一天之始能够保持专注，那么比任何指导更重要的爱和创造力的能量，会一整天由教师发散出来，传递到孩子们身上。人们可以选择很多方法把他们的注意力引向内心。听音乐、视觉想象、有意识地呼吸都是一些办法。这样的集中方式，使教师把注意力放在孩子的身上而不是课堂上。孩子们是能够感知得到的。

你真的会表扬吗

可能你已经知道不存在建设性的批评，但是，你知道表扬也会带来伤害吗?

表扬是一种常常被家长和老师使用的工具，这里必须说一说建设性的表扬与破坏性的表扬。某些表扬的形式，实际上伤害了孩子的自尊。

评价性的表扬就是如此，它是我们最常用的三种表扬类型的一种。评价性表扬作出的是一种判断。比如，“优秀的论文！多么好的女孩，做得太棒了。”它就像毒品一样，让我们暂时地感觉良好，但却让我们上瘾。它让人产生一种依赖感，孩子可能会变得局促，以至于为了感觉良好，他们必须寻求接收到这样的表扬。这种表扬教导孩子们寻求他人的认可——证明自己有价值的证据。孩子会追逐赞美，缠着大人不放，因为他们没有发展出自己的内在标准。“您喜欢这个吗，老师？”“我这样做好吗？”

评价性表扬不会让孩子们感觉到自己的内在价值，因为这种表扬意味着价值要通过别人的赞许来证明。评价性表扬认为，如果一个人做的好，这个人就好；如果一个人犯了错，这个人就是坏的。这种用行为定位身份的做法，让孩子感受到她自己的价值是由她的成就和行为所证明的。它伤害了自尊，因为健全的自尊基于的是对自我的纯真的爱，爱自己要求无条件地接受自我。把个人价值等同于个人表现的孩子永远做不到太好，因为总有一个更高的标准，或谁可以做的更好。这只能带来紧张、压力和痛苦。

评价性表扬还存在着其他破坏性的方面。有压力在里面——孩子感觉到被操纵。如果一组中只有某些孩子被表扬，其他孩子可能会觉得很灰心，有挫折感。一个自卑的孩子是无法接受表扬的，因为他感到自己不配，因此他会认为表扬自己的人要么愚蠢，要么是出于什么目的而为之。

那么，有什么办法来替代评价性表扬呢？我们应当简单地认可一种令人满意的行为，欣赏它所带来的益处。孩子们对此的反应也是最好的，因为他们感觉到自己被当作是公平的个体来看待，而不是基于他们的行为被评价。这样的表扬，被称为描述性表扬或欣赏性表扬。

描述性表扬是用描述来代替评价。一个行为带来了令人满意的益处，这是对它的一个事实性的观察，而不是说“你地板擦得真不错”。描述性表扬这样说：“地板真的是一尘不染。”欣赏性表扬往往接着描述性表扬说：“我真的感谢你的帮助，谢谢你。”

如同所有的表扬一样，评论应该讲清楚孩子已经做了什么，而不是把重点放在他自身的存在上。一个孩子并没有因为画了一幅很好看的画而变得伟大，也不会因为自己把床铺整理得很整齐就比别人更好。规则是把重点放在行为，而不是做出行为的人身上。就事论事，而不去评论做事的人。要坚信，孩子本身总是“好的”。

描述性和欣赏性表扬，允许接收信息的人去解释它，允许接收者这样去想，“我是一个好学生”，或者“我是一个乐于助人的人”。它有助于建立自我接纳。

表扬之前先花点时间想一想，因为我们最容易说出的表扬是评价性或判断性的。“你是个好孩子。”“这作品真出色。”“你是一个可靠的人。”这样的陈述最终会伤害到自尊。我们一定要记得去描述和欣赏满意的行为。这使得评价的焦点回归到它本来应该在的地方——孩子们的内心里，随后孩子们会构建自我价值，而不是依赖性。

正面利用电视的教化影响

电视作为一个平行的教育系统，应该仔细地审视。

一般来说，美国孩子在三岁上幼儿园之前，平均看6000小时的电视。普通的美国家庭每天观看超过6个小时的电视。究竟这对孩子和他们天性的状态有什么影响?

电视影响了想象力和视觉成像。通过投影成人创建的图像，电视扼杀了孩子的想象力和与生俱来的创建图像的能力，从而削弱了他们成熟的能力。研究员皮尔斯认为，电视用合成的、伪造的图像充斥于孩子的大脑，而本该由孩子自己来创建这些图像。幼儿故事的价值，与它们的隐喻和象征特点一起，在于刺激和鼓励孩子形成他自己的心理图像。

在大多数家庭里，电视已经取代了讲故事——尤其是重要的睡前故事。故事在孩子的成长中扮演着极高价值的角色，如同有想象力的玩耍和白日梦一样。然而电视干扰了所有的这些活动。

电视会影响人与人之间的关系。看电视已经取代了宝贵的亲子互动。“电视屏幕的主要危险，”乌列·布朗芬布莱纳教授说，“不是在于它产生的行为，虽然在行为中也有危险，而在于它阻碍了许多行为，即交谈、游戏、家庭节目和争论，而许多孩子的学习和人格的养成就在这些活动中。”

许多孩子都渴望爱，但因为受到电视的影响，家庭很难能安排出时间，以一种有意义的方式来表达爱。《读者文摘》的一项调查显示，美国的父亲平均每周与他的孩子呆在一起的有质量的时间不超过10分钟，然而他看电视的时间却有10~20个小时。

孩子不仅以看电视成瘾的父母为榜样，还接受了电视中的人物作为他的态度和行为榜样。通过比较自我与电视中的人物，他们重塑了自己的意义、尊严和价值。

一个相关的问题是，电视设置了局限，让他们看到复杂的问题在30或60分钟内就得以解决。在现实生活中解决问题遇到挫折时，孩子们只有较低的耐受力，而电视没有为解决关系问题实际所需的耐心和毅力提供任何榜样。

电视通过它推广的图像助长了暴力，暴力视频画面是强大的推动者。美国儿科学会的一项研究表明，反复接触电视暴力使孩子变得暴力，并且接受现实生活中的暴力。他们全神贯注的能量在扩张，在潜意识里，由于不断地关注暴力导致进一步暴力行为的发生。

正因为如此，孩子们会认为暴力是一种娱乐。电视有一种喜欢战争的固有偏见。杰里·曼德在名为《取消电视的四个理由》一书中说："对电视而言，战争比和平更好。它充满了亮点，包含动作和决断，并散发出强大的情感：恐惧。和平是无定形的、广泛的。与和平相连的情感是微妙的、个人的和内在的，而这些用电视来表达要困难得多。"

电视影响专注和阅读的能力。电视的快速发展使孩子们很容易分心，并损害他们把精力专注于印刷文字上的能力。电视节目较短的顺序性阻碍了分析思考的连续性，而这种分析思考的连续性，是阅读，或者聆听，哪怕是最短、最简单的演讲所需要的。

电视阻碍了孩子的精神发展。电视影响人们的三个关键要点是：

1. 电视很少注重人的灵性方面，相反地，电视将孩子完全带入物质世界。

2. 在教孩子阅读前的训练时，电视过度刺激孩子心灵的逻辑一面，使其寻求压制自我直觉、想象力和心灵等客观存在的另一面。

3. 尽管许多好心的家长把电视时间当作孩子的"安静时间"，但却没有让孩子放松。如果孩子要在天性上发展，那么他们每天需要一些安静的时间，去处理当天发生的事情，化解矛盾，并反省"我是谁"。但是当孩子看电视时，电视节目用其他人的想法和图像填补了他们的心灵，否认了独立探索的自由。孩子最终会受挫、超负荷、缺乏自知之明。

看电视确实对我们的孩子有不良影响，但如何正面利用其价值更值得思考。真正的问题不是我们的孩子是否看电视，而是怎么看。如果我们与他们一起看，并讨论所描绘的价值观，电视可以用来拓展孩子们的意识。当我们发现我们不喜欢留在孩子们潜意识里的信息时，我们教他们如何立即消除它们，并且用强烈的正面信息来取代。潜意识依照给它的最后一个指令运作。可以用看电视的时间来帮助他们认清被世人看作真理的假象。我们可以引导他们去伪存真。

美国家长教师联合会认为，应当在每台电视机的顶部放一张卡片，上面写着：谁？什么？什么时候？在哪里？为什么？当孩子们看电视时，大人们使用上面的一个或多个词语问一些问题。孩子们把看到的用语言表达出来，电视的催眠效果就被破坏掉了。

梭罗说："消磨时间不可能不伤害永恒。"我们每个人都被赋予了一天中宝贵的24小时，可以用最有建设性的方式使用它。如果我们教导我们的孩子参与生活要主动、深入，这样他们才会自己选择做什么，而不是在看别人做什么。

把与孩子的友谊放在第一位

作为教师和父母，如果与孩子们成为朋友，我们将对他们有更大的影响。如果我们把与他们的友谊放在第一位，养育他们放在第二位，我们与他们的关系会更快乐、更健康、更高效、更持久。无论我们是否为好老师、好家长，或孩子们是否接受我们的价值观，如果我们与孩子们之间的关系是基于友谊的话，它会持续下去。最后，我们会更强烈地影响孩子们的价值观，我们也将继续有更多的机会从我们的“老师”身上学习。如果我们想成为孩子的朋友，那么，我们要用上友谊的所有标准。我们对待孩子应当平等、通达、诚实，如同我们对待任何可以信赖的朋友一样。我们也要像对待其他朋友一样，表现出尊重和体谅。举例来说，我们一般不为朋友做决定；也不为他们做可以自己做的事情；我们当然不会害怕告诉朋友，我们不知道答案或不知道该怎么办。

作为教师和父母，我们应该记住，我们应在不会牺牲自我需要的情况下，给孩子所需要的东西。如果我们学着把自己而不是我们的孩子们放在第一位，就能够教会他们理解和尊重我们的需求。我们对自己越亲切、越有爱心，我们对我们的孩子就越亲切、越有爱心。自爱、自我接受的教师和父母被快乐包围着，这快乐会渗入到孩子们身上，而他们，反过来，又充满快乐。

“如果父母所做的事情适合他们，如果他们对自己的生活感到快乐、幸福、满足、富有创造力，那么孩子们从父母那里接收到的可能是最大的能量。”旧有的牺牲思想不再适用了，当我们散发出欢乐、创造力和成就感时，我们身边的人也能跟着被提升。

作为教师，我们应该对所有的信息保持开放的态度。重要的是，我们不该把今天的知识作为最后的真理，许多新的知识在未来的日子里是可以获得的。我们可以客观告诉我们的孩子，这是人们到现在为止所认为的这样或那样的想法，但这并不意味着它们一定是真的、最终的，有些可能不是真的。我们鼓励孩子去自问，看看这些想法是否是真实的，或者我们提问，“是否有更多需要了解的呢？”“它会是什么呢？”

作为教师和家长，什么是最有用的回应呢？

避免奖罚。这种行为会导致孩子认同行为，若犯错了，会感觉“自己无能”。请记住，孩子不是行为，而且每个人都尽最大努力做好目前意识所允许他们做的。我们都在努力做我们当时认为最好的事情。

如果孩子的行为不能令人满意，不要责骂。而要把他们的意识扩展到所要指向的地方，有助于揭示某一特定行为的利与弊，而不是威胁着要惩罚。在这种时候，我们的孩子需要知道，他们被爱是因为他们的内在价值是独特的，是珍贵的存在，而不是因为他们如何表现，或是他们取得了什么。**将他们与他们的表现分开。**千万不要认为他们是失败的。他们可能会遇到挫折，但他们不会觉得自己很失败，除非我们的行为导致他们这样认为。感觉自己很失败是一种后天习得的反应，我们可以帮助他们从生活中消除这种感觉。

孩子从他们所爱的人身上学得最好。当他们都很愉快时，他们学得更多。

在美国亚利桑那州，有位大学教授教科学课，该课程需要记住大量的事实。他决定测试一下这个想法：如果学生感觉是轻松和愉快的，他们将学到更多。每一天，他会以某种娱乐或放松的形式让他们大吃一惊。有时，他会穿奇异的外套。在其他时候，他就会把所有的座椅都移开，在地板上放上枕头。结果是，他在三个星期内完成了他过去要花六个月才能教完的东西！

把每个孩子都看成是上天的恩赐。我们有服务于哪怕是一个孩子的特权，这是一种福份。这是很多人都没有的特权。

为人父母或教育孩子没有固定不变的正确方式，要找到最适合你的方式。学会信任自己，学会把自己照顾好，为你自己着想，为孩子们着想。如果为人父母和教育孩子不是一个快乐的体验，那就去寻找新的技能、新的方法、新的策略，来适应你的情况。

第四章

如何驱动四种气质类型孩子的内在需要

——他们为什么这样做？

行为与学习方式的关系

“多么炫耀！她为什么总要成为众人瞩目的焦点？”

“他是如此之悠闲！为什么他不能下定决心做一些事情呢？”

“她为什么要问这么多问题？谁会在乎这些呢？”

“他总是想控制我！他为什么不能让我按自己的方式做事情呢？”

说出这些话的孩子通常遇到了与他们不同的行为方式，因此百思不得其解。当孩子们不明白为什么人们这样做时，太多的快乐被阻塞了，无法释放出来。当生活中的大人们不理解或不欣赏他们的行为和学习方式时，更多的快乐也受阻了。

古希腊“医学之父”希波克拉底大概是最早认识到人的四种基本气质的。德国作家和演说家鲁道夫·施泰纳关于人类气质的研究有大量的著作。瑞士心理学家荣格，也有大量的心理研究著作，还有许多人也都做出了重要贡献，并继续研究着。1987年1月，《纽约时报》报道，美国明尼苏达大学对350对双胞胎进行了长期的研究，得出的结论是，一个孩子的基因构成对性格的影响比周围环境对性格的影响更强。研究结果指出，应根据孩子的不同性格对他们区别对待，而不是试图用同样的方法来对待他们。

看来，我们都是带着某种基本的气质或行为方式来到这个世界的，即一个人特别的具有习惯性的思维方式、行为方式和反应方式。我们的行为方式反映了一种内在需要，或者驱使我们以某种方式来自我表达。我们的气质和行为方式最终会证明它们完全适合我们的生活目标——我们服务的途径和必须学习的功课。“就像自然不会让一朵小雪花呈现不对称的形状来到世界一样，自然也更不会让一个孩子带着他自己没有成型的气质特征来到这个世界。从生命一开始，孩子和孩子就是不一样的，任何为此事的说教、‘调理’，或创伤等因素都不会消除这种差别。”

教师和家长越了解孩子的行为方式，知道它是天生的，内在需要驱动的，他们就越能够认可孩子，从而帮助他们建立自尊，释放内心的喜乐。如果“为什么他/她不像我？”是我们的潜台词，孩子就会下意识地感觉到被拒绝。如果一种“方式”的目的在于讨好他人，孩子可能会拒绝天生的气质，而实际上，正是这种气质才能够激发他们模仿别人。本质上，他们的自然行为方式就像被一层面纱所覆盖，掩盖了天生的方式，这样，快乐也被隐藏了。

若孩子们知道，存在一些基本的行为方式，每一种方式又各有其优点和弱点，而一个弱点仅是一种优点的极端扩展，他们会非常高兴。孩子们发现他们自己有优点，这往往在他们的生活中是第一次发现，他们对自我价值的新感觉是不容置疑的，并且乐于看到自己的价值。他们逐渐认识到，试图复制一个广受欢迎的孩子的自然行为方

行为方式一览表

	D型	I型	S型	C型
行为方式	支配型	影响型	支持型	谨慎型
气质	胆汁质	多血质	粘液质	抑郁质
优先级	任务：结果	关系：交往	维持关系	任务：过程
节奏	快/决定性的	快/即兴的	慢/容易的	慢/系统的
获得认可	领导力 竞争	玩笑 激励 环境	一致 忠诚	正确 缜密
害怕	失去控制 被利用	固定环境 失去名声	没有安全感 突变	犯错误 对工作或努力的批评
获得安全感的方式	控制	灵活性	结束关系	准备
支持他们的	目标	想法	情感	思维
希望您能	切题	激励	愉快	精准
引起恼怒的事	犹豫不决 没有效率	常规 无聊	没有耐心 不敏感	惊奇 不精准
紧张之下会	命令 断言	抨击 讥讽	服从 遵守	收回 避免
激励他们需要	权力 权威 指导 答案 指令 竞争 任务 取得成就的信誉	说话的自由 认可 去帮助别人的机会	结构 真诚 对传统步骤的解释	高标准 策略 指令 解释原因
需要	新颖、多样的活动 第一 掌权 赢得信誉	有说服力 社交赞扬 良好的环境	展现真诚 家庭赞扬 再确认 欣赏	避免张扬 质量 隐私 精准
决定是	坚定的	即兴的	考虑周全的	深思熟虑的
需要保持	成功	地位	关系	信誉

（摘自《关系策略手册》）

式是徒劳的，因为这与他们的行为方式相悖。他们越能够自我接受，就越能把他们的能量投入到更具有正面意义的渠道中。

“因材施教”四种气质类型的孩子

有一位善解人意的老师，她有一群极有天赋的小学生。最近她在课堂上问学生们接下来喜欢学哪一单元。学生们都说出了“与不同的人相处”那一单元，这令她又惊又喜。学生们现在明白了他们为什么会这样做，以及为什么需要“因材施教”。

这里举一个例子，讲的是不同类型的优点如何在一个典型的情况下体现出来。在一个学校的班级里，孩子们正在学习大卫照看父亲的羊群的故事。老师给了他们橡皮泥，要求塑造出牧羊男孩的形象。

丹尼迅速地完成了，并继续塑造羊、牧羊犬和狼的形象。但是，如果他不告诉别人，没有人会认出来这个动物是什么，那个动物是什么。

艾琳没有完成，事实上，她从来没有真正地开始过，她一直忙于和别人说笑。

山姆准时完成了作业，是一份很精致的手工作品，值得展示给大家看。

卡罗尔的作品很出色。牧羊人长袍的褶皱处理得非常精细，但她很不开心，因为牧羊拐杖的曲线做得不是最满意的。

让我们来看看这四种截然不同类型的孩子——D、I、S、C型。这些字母依次代表支配型、影响型、支持型和谨慎型，这些类型可以帮助我们识别当今一些行为科学家所描述的四种基本的行为方式。您可能熟悉希波克拉底使用的表述，胆汁质（支配型、D型）、多血质（影响型、I型)、粘液质(支持型、S型)和抑郁质(谨慎型、C型)。D型有指导别人的需要;I型有影响别人的需要;S型有支持和帮助别人的需要;而C型人需要按照内在的标准找到正确的方法去做事情。理想的四人小组或委员会就是每种类型的人各占一名。

D型的人会生成想法,I型的人需要激励、推进,S型的人会追随、服从,而C型的人会关注细节,并确保一切都要做得正确。请记住,气质与性格和道德无关。一个人做某些事情或在某些方面做出的反应是由于他的气质,而无关乎成长环境、教育背景、标准和知识。也请记住,没有人仅仅显现出一种气质的迹象,但是通常有一种或两种气质占主导地位。

● D型孩子

让我们看看丹尼这种D型的孩子吧。这些孩子都是“大胆的”,他们挑战极限而表现出无所畏惧。他们喜欢行动和挑战。对他们最灵验的话,就是“你觉得你能做到吗?”他们对精细动作的活动保持注意力的时间很短。跑步、跳跃、攀爬和跑得快的运动更受他们的喜爱。

这些孩子是天生的领导者,他们具有领导能力,而且往往能够掌控一个团队。他们觉得在每种情况下都要发挥领导作用,因为只有他们才了解什么是必需的,只有他们有精力和洞察力。他们充满了活力,喜爱热闹而又没有耐心。当他们想到了一个计划,他们希望把它付诸行动,不会留时间重新想一想。

虽然他们是良好的组织者,却没有耐心去处理细节。他们发起某件事情,但随后却让别人去做工作。他们觉得可以同时做十件事情。

因此，他们基本上是“独行侠”，不喜欢依靠团队做事。当其他孩子因他们的进攻性、冒险性的行为而表示拒绝时，往往更加剧了他们的“孤独感”。如果没有良好的沟通和家长们的支持来帮助改变他的行为，D型的孩子会变得离这个群体越来越疏远，因为在群体中，他所遇到的80%的人，都与他不一样。

● I型孩子

现在，让我们看看艾琳这样I型的孩子。他们善于交谈，想引起别人的关注，需要他人的赞许，所以很容易被认出来。他们给出各种各样的信息，但他们的知识可能是肤浅的或不正确的。

I型气质是以人为本，若不和他人一起，他们很少做成事情。他们抱怨说“没有什么可以做的”，通常意味着没有人和他一起做。艾琳的独处时间都花在了让她的洋娃娃彼此交谈，和真人一样彼此联系。谈话对I型孩子至关重要，没有固定谈话时间的家庭可能会冷落他们，把他们置于圈子之外。

这些孩子依靠拥抱、赞美和眼神的交流茁壮成长。为了取得好成绩，他们努力学习，给老师留下深刻印象；或者也可能成绩一般，因为他们太忙于交际而没有时间来学习。他们保持注意力的时间很短，并且会从一个活动跳到另一个活动。“她一刻也不消停”和“她真是活跃”常常被用来描述艾琳这样的I型孩子。只要是新鲜的事物，他们都感兴趣，他们会承诺一切，然后立刻就忘得无影无踪。他们富有想象力，并有很多的想法，一会儿来，一会儿去。他们看到一切，却什么都不记得。

作为“先做后想”的孩子，他们的情绪变化总是高低起落。他们极端的乐观，热衷于人们能做什么或者将要做什么，但是他们也很容易受到伤害。I型孩子需要家长的指导来帮助他们设定个人优先事项和目标，以免所有的时间都被琐事或其他人占用。他们需要更多的帮助去学习如何组织和跟进。他们的生活没有固定的习惯，因为他们活在当下，适应眼前的情形。

这些孩子喜欢给人带来快乐，所以做事情全凭个人喜好。他们回应爱，而不会回应暴力。对他们来说，“帮我做吧”是很灵验的话。

● S型孩子

山姆是S型（支持型）孩子，稳定、可靠、亲切。他们天性从容淡定。他们对待世界的普遍态度是“别管我”，但这并不意味着他们并不友好。相反，他们善良、体贴、关心他人。然而是一种天生的保守使他们变得不积极，但他们广受喜爱，因为他们很容易与他人相处，并且愿意迁就别人。

这些稳定的S型孩子是习惯的精灵，一直保持自己的习惯。安全和惯例对他们很重要：他们想要有规律的生活，有规律的时间表，按时就餐。当有重大的改变时，他们需要事先了解更多，以便提前做好心理准备。他们害怕改变现状，努力保持他们目前的状态。

山姆学东西可能慢些，但是能记住一切。他们不会迅速地做出反应，或随性给出答案，但做出的决定往往是明智的。他们属于“三思而后行”类型的孩子，这就是为什么家长们觉得他们“很好相处”。他们在一项任务完成前会坚持不懈，而且行为方式与他们的年龄很相称。

S型孩子可能需要被告知“继续做吧”。需要催促、命令他们，尽管他们会犯嘀咕，但仍然会服从。对与他们相处的大人而言，挑战是不要利用他们。需要鼓励他们为自己的权利站起来。当他们说“不”表达拒绝时，他们也要学会应对别人的愤怒和排斥。

● C型孩子

卡罗尔是C型，也就是谨慎型的孩子，是具有逻辑性和分析性的思想者。这一类孩子能够判断事物的重要性，并希望知道做事的理由，而不喜欢简单地被告知该做什么，比如，“因为我让你做，你就得做。”他们认真对待生活，想完成高质量的工作。这种气质，与其他几种相比，更是由它的价值体系来驱动的。

这些孩子是完美主义者，若没有一个非常好的成功机会，他们不愿做任何事情。虽然他们最有天赋，他们的自我形象感觉却很差，经常回味失败和无能的感觉。他们为自己设定高目标，而当这些都没有达到时，他们感到很郁闷。因为他们的敏感和艺术天性，他们的感情很容易受到伤害而感到自卑。C型孩子比任何其他类型的孩子都需要更多的成功。

这种气质往往看到生活中悲伤、阴郁的一面。一旦同情心被激发出来，C型的孩子将是最乐于帮助和最能自我牺牲的，因为他们理解其他人的痛苦。这些孩子有潜力成为天才，但需要很多的帮助和理解，使他们在成长中不会变得悲观和自怜。他们心中的喜乐尤其需要被释放出来。

C型的孩子动不动就问一些求索性的问题：“为什么我们不能见上帝？”“为什么人们要那样做呢？”“为什么爷爷死了？”他们强烈地渴望找到答案。

四种气质类型一览表

	机会	支持	大人要避免
支配型的孩子	变化领导力 自由 成就感	追随和发现挑战	过多指导、胜负战术和针对个人的批评
影响型的孩子	名声和认可 互动 乐趣	设定和满足期限 找出新的趋势和想法，并推广	拒绝 消极论 争论 公开场合不赞成
支持型的孩子	所有权 真诚 合作 可预言	欣赏 用来确保团队的成就 提升目前的实践 帮助其他人的成长	超负荷 突然变化 过度竞争
谨慎型孩子	独立的工作机会 认知发展	走出实在的权衡 勾勒逻辑性选择 低风险时的领导	批评不努力 坦率的和私密的问题 不完整或不精确的指导 坚持集体活动

（摘自爱丽丝·赖斯的《天才孩子的老师》）

● 特别提示

请记住，没有人只有一种单独的行为方式。我们大多数人都是这四种气质的独特混合体，通常以一种或两种气质为主。另外，也请记住，一种行为方式的分类仅仅意味着我们更多地使用这种行为而已，并非我们的所有。当我们使用DISC气质类型时，我们仅是有这样的行为而不是被贴上标签。我们大多数人总是使用标签来形容人，通常这些标签都是无情的，因为我们不理解不同的气质类型以及一种既定的气质类型应对压力的方式。一旦我们知道了，往往倾向于不会再给人贴标签。

标签可以帮助我们比没有它时看得更远。标签对其他人来说，可以是一个信号系统，主要关乎这个人可能具有的世界观，可以帮助我们找到他们的“波长”。不过，在使用行为方式标签时，也提醒我们“把标签作为一个出发点，而不是终点”。

尤其是要考虑自尊的作用。当我们的孩子自卑时，就会以一种消极的方式使用他们的天生优势——有领导力的变成了一个小恶霸；合群的人变得反复无常；做事精准的人成为挑剔的人。或者他们为了取悦别人，采用了一种非他们天生气质的行为方式，给自己带来压力。健全自尊的孩子，会与他们的自然气质相处融洽，并发挥最佳优势。

永远不要试图去改变一个孩子的气质，我们能做的就是把其中最好的气质引领出来。我们通过强调价值观框架内的优势来做到。请记住，孩子的长处，就是这一辈子具有的能力与才华，用来完成他们一生的功课。了解孩子的内在气质，可以让父母和孩子更好地理解孩子的生活模式，接受气质可以释放更多的快乐。

孩子们需要家长指出自己的优势，但他们也需要意识到别人的长处。这样他们可以学会使自己的方式与其他人的方式协调一致。

黄金法则

“己所不欲，勿施于人。”这是黄金法则。当我们从字面意义上应用这个法则时，即希望他人用对待自己的方式对待别人。要想取得更好的效果，我们可以教年龄稍大些的孩子“以别人想要你对待他的方式去待他”；同时我们也需要教他们理解行为方式，因为，如果不了解一些行为方式的话，他们不会知道别人想以何种方式被对待。当然，所有的人都希望得到公平和爱，但这些话对不同的人而言可能意味着不同的事情。艾琳（影响型、I型）可能觉得把她假期里所有的细节都告诉一个朋友是真的很有趣，但如果她的朋友正好是D型（支配型），不喜欢细节，就会对长时间讨论变得非常没有耐心，她的谈话就会失去吸引力。或者D型，对预料之外的很兴奋，也喜欢节奏的频繁变化，也可能不明白，为什么他的C型（谨慎型）朋友卡罗尔对周五下午才收到去度周末的邀请感到生气，因为C型的人需要时间把整个事情想清楚。S型的山姆（支持型）讨厌惊喜派对，所以您可以想象，当I型（影响型）的艾琳还以为她送给朋友的生日礼物不是最好的时，她是多么的不高兴。爱你的邻居如同爱你自己，意味着满足其他人的需求。

现在让我们来看看几个容易发生冲突的公共领域。一个领域是任务与人际。纯谨慎型和支配型认为完成手头的工作优先，而不是与人交往，建立关系（除非这在他们看来也是工作）。而影响型和支持型则更加以人为本，认为与人交往和建立关系更加优先。那么结果就很明显：一个影响型和一个谨慎型在一起，如果先把注意力放在任务上，然后再进行交流，他们就会相处得很好。在一个委员会中，如果占领导地位的支配型对别人的需要很敏感的话，会在开始手中的工作之前，留出一些时间让支持型和影响型的人互相熟悉、攀谈一下。

另外一个因不同气质需要而容易发生冲突的领域是节奏。总的来说，支配型和影响型是快节奏的人，快速做出决策并喜爱冒险。他们很容易对谨慎型和支持型的慢节奏和慢思维感到不耐烦，或者因他们总是喜欢把事情想清楚了再做决定，他们需要时间去分析，并且计算成本。

要想更加有效地和孩子们在一起，我们可以调整自己的节奏来适应他们，我们也可以借助于“黄金法则”，教他们调整自己的节奏来适应他人。孩子们越懂得不同的气质，就越能够按照他人想要被对待的方式来对待他们，同时也能更好地调整自己的行为方式使关系和谐。

然而，如果这种调整太过频繁，也会带来很大的压力。例如，一个需要分析做决定的孩子，在连续不断地催促快做决定的情形下，会觉得压力很大。影响型孩子天生爱讲话，如果身处在一个“孩子只能被看见，而不能被听见的”环境中，定会很难受。或者想一想，一个爱动的支配型孩子长时间安静地坐着会是多么难受，或者不允许天生就有控制欲的支配型孩子去支配他人，这对他来说会多么痛苦。

为了对这四种基本的行为方式有更深入的理解，我们接下来对以下五个领域进行比较和总结：基本目标、对他人的影响、对团队的特殊贡献、过度使用的行为以及怎样提高他们的效率，让教师和家长更好地把握和引导好孩子的成长。

领域一：基本目标。不管有意识还是无意识，孩子行为方式的目标是为了达到这个孩子心中的“与世界正确接轨”的状态。

D型：支配型的丹尼想要控制局面——来控制一个情形或面对一个新的挑战。他们是冒险者，总是愿意尝试，即使这意味着失败或暴露他们的不足。这些孩子不担心被嘲笑，他们敢于与众不同。

I型：影响型的艾琳寻求赞美和广泛社交。为达到该目的，他们愿意花时间与别人在一起，作业和家务活可以等等再做。他们参加很多的课外活动，为了接触和交往，提高知名度。在竞争性的活动中，他们广泛交际的目的使他们无论成功或失败都很友好。

S型：支持型的山姆希望帮助他人，并努力维持现状，因为他们对此感到熟悉，即使它可能没有任何益处。

C型：谨慎型的卡罗尔要尽力把事情做正确，避免错误，特别是那些可能会让别人反感的事。这些孩子喜欢把东西放在合适的地方，并且给自己设定很高的标准。

领域二：对他人的影响。每一种气质都会运用他们的长处去影响他人。

D型：支配型的丹尼依靠自己找到问题的答案。当丹尼向他的教练提出挑战时，别的孩子会意识到成年人也容易犯错误，并开始为自己着想。朵拉敢于第一个尝试一种新发型。

I型：影响型的艾琳通过用称赞和一些好处来影响别人。“我希望我能画得像您这么好。”“我帮您割草，这样我们就可以早点儿去游泳了。”

S型：支持型的山姆用他们一贯的表现和他们愿意迁就别人来发挥影响。朋友们能够指望他们坚持到底完成任务的能力，以及适应各种人的能力。

C型：谨慎型的卡罗尔以他们所存的逻辑信息和事实论据来影响他人。当他们的朋友需要答案和解释时，就会来找他们。

领域三：对团队的特殊贡献。那些对自己的能力有清醒认识的孩子能够更好地培养他们在团队中的角色感和价值感。

D型：支配型的丹尼对任何团队都有真正的价值。因为他们避免扯皮，帮助别的孩子摆脱困境。他们会找到新颖的解决问题的方法。

I型：影响型的艾琳对团队有宝贵的价值，因为他们有缓解紧张的天赋。他们会与人分享他们的感觉并且会首先成为自愿者，这样不够自信的孩子就能够得到一些暂时解脱。他们是活动的新闻发言人，也是其他孩子技能的推动者。

S型：支持型的山姆很好相处，并且能够维持一个稳定的节奏保证最终完成工作。他们对团队的价值在于使工作完成，给团队带来凝聚力。

C型：谨慎型的卡罗尔给团队带来的价值不仅在于所需要的信息，而且他们会分类、辨析、测验这些信息。他们在计划委员会或质量控制方面能做得很好。

领域四：过度使用的行为。一种行为方式的长处，如果过度使用，就会成为弱点。大人们可以帮助孩子恰如其分地使用自己的长处。

D型：像丹尼这样的支配型孩子很自信。如果他们要求别人一定要用他们的方法，这种自信就会成为一种专横。例如擅自夺过别的孩子的游戏。

I型：影响型的艾琳打算取悦他人的想法在过度赞扬时就成为了他们的弱点。这些孩子在给予当之无愧的表扬时需要帮助，而不只是说他们认为别人想听到的。

S型：支持型的山姆倾向于过度地谦卑和保守。他们经常会谦虚对待自己所做贡献的重要性，以至于最终别人会相信他们。他们常常会陷入熟悉的情境中，需要别人推着去尝试新的东西——例如一出门，不是去吃汉堡包，而是去吃别的食物。

C型：谨慎型的卡罗尔倾向于过度专心做“正确”的事情。因为这，他们会成为扫兴者，由于过分注意正确使得大家都兴趣索然。

领域五：怎样提高他们的效率。提供建议，帮助孩子们增强他们薄弱的地方，更有效地发挥他们的长处。

D型：丹尼一类的人都是个人主义者。他们需要生活在一个相互依存的世界里，通过与其他人一起参与活动，学习耐心和同情心，他们可能变得更加有效率。如果他们被给予团队中最具挑战性的任务，参与其中是很容易的。

I型：如果像艾琳这样的孩子学会了管理时间和平衡他们自己的情绪，就能提高他们的效率。他们需要培养一种紧迫感，必须知道磨磨蹭蹭的后果。学习变得更加客观，能够抵消他们把一切看作是美好的或可怕的情绪化倾向。

S型：与山姆具有一样行为方式的孩子，在收到真诚的赞许时，是最有效、最快乐的，这种赞许不仅是因为他们所做的事情，而且因为他们就是那样的孩子。他们需要学会接受称赞，并保证他们不会认为这是理所当然的。如果这些孩子不再固守于早期的没有必要的步骤，能够找出“捷径”，他们也可以提高自己的效率。多点冒险对他们是适合的。

C型：如果卡罗尔这样的孩子对他们自己充满信心，并能更多地欣赏他人，就会感到更快乐、更有效率。他们必须学会如何去解决矛盾和坚持他们的权利。这样他们就可以学得更灵活，愿意向前走，而不是等到每个细节都到位之后才这样做。

我们每个人都是这四种行为方式的混合体，在各种组合下会产生各种经典的行为方式。充分认识到不同气质类型的区别，便于指导孩子释放天性的学习和活动。

学习风格与压力的互动

一个帮助孩子发现他们天性的美妙的方法，就是为他们提供与他们的行为方式相匹配的学习指导和活动。

行为方式可以很容易地转化为学习风格。成人所面临的挑战，是建立将会满足孩子气质需要的氛围，那么孩子就会自我激励。

如果安慰会激励S型孩子，认可会激励I型孩子，权威会激励D型孩子，而“把它做正确”会激励C型孩子的话，很明显，针对不同的孩子，我们需要不同的选择。

如果家长和老师不能考虑孩子的学习风格，他们可能会遇到由于风格差异引起的压力。实际上，有两种与风格相关的压力。自身压力产生于没有能力理解和平衡一个人风格的不同因素的影响。当孩子有两种互相冲突的气质，比如D/C型或I/C型或S/D型，这种压力会很大。记住，我们不是只有一种风格。环境压力产生于孩子对环境的要求与自身的行为方式不相匹配。成年人需要考虑每个孩子的气质。对一个孩子最舒适的体验可能是另一个孩子最紧张的体验。这样的压力吸走了孩子的能量，并且阻碍了实现他们潜能的快乐。

我们来简单看一下四种不同的学习风格。

● 支配型的学习风格

D型的孩子，有着支配型学习风格，需要施加影响，需要承担责任。请记住，D型气质的人想掌控一切。当D型的孩子没有被激发起来时，问一问您自己，“他们有机会发表自己的观点或者参与做出决策吗？”一定程度的控制或权力非常能激励这种类型的孩子。他们依靠机会展示自己的领导能力，可以茁壮成长。

既然D型的孩子是冒险者和挑战者，没有得到激励的孩子真的可能会要求更多挑战性的任务或机会。如果一项任务太容易，D型的孩子将不感兴趣。让他们知道，这项任务很困难，您也不知道他们是否能够把它完成。亲近他们，挑战他们，请求他们的帮助。那么，您就会有扮演领导角色的人了，而不是小恶霸。

这种学习风格喜欢变化的节奏和经常保持多样性。D型的孩子极度没有耐心。您给他们指导或者解释，必须简短直接，否则他们就不理您了。他们以任务为导向，想要最快的结果。既然细节对他们变得不重要，他们倾向于仓促完成事情，他们在欣赏高质量的工作带来的好处时则需要得到大人们的帮助。也要帮助他们明白，他们想追求的责任来自于杰出的精湛工艺。

为了最大发挥他们的才干，D型的孩子需要全身心地投入到学习——“动手”体验中。他们渴望行动和自由，受不了长时间地坐着不动。平时的课堂学习方式，如经常命令说“坐好了，不要动”，“做你们的作业”，“向前看”，让他们感到灰心。对于纯粹D型的孩子而言，其他来自课堂的环境压力有，不得不听从详细的指令，重做作业，在固定的时间里完成工作，或者不允许动手尝试实验。

对于这种类型的学习风格，自身压力包括尝试新体验的欲望和为目前各种情境找出新途径的想法。

因为传统的教学方法对D型的孩子很少有吸引力，所以他们经常逃课，去往“行动所在之处”。

● 影响型的学习风格

I型孩子，有着影响型学习风格，倾向于需要其他人的认可和赞扬——赞扬首先来自于他们生活中的大人们，其次是他们的同伴。

I型孩子最大的恐惧是遭到拒绝，因此他们变成“好”孩子，努力让父母和老师高兴。他们经常察看其他人的脸色。爱，而不是惩罚或批评，对他们是最灵验的词。辅导老师必须让自己看上去是亲切的，这个类型的孩子喜欢这样。

如果这种类型的孩子学习成绩不是很好，你可能会问："他们还需要更多的认可吗？比如看到他们的作品被展览，或者他们的名字上了报纸？像证书、彩带、奖杯、贴纸这样的奖励或者其他可见的认可是否特别能鼓舞他们呢？"如果评语是正面的话，写给孩子的私人纸条能够强有力地激励他。I型孩子需要被认可，被理解，并且被他的老师所承认。

既然I型孩子擅长社交，给他们机会与其他团队合作的老师，会让他们看到一起学习东西的社交好处。然而，由于他们把大量的时间放在了与人交往上，I型孩子在仔细安排他们的时间方面可能需要帮助。

I型学习者在一个民主管理的班级里会学得很好，而且满怀热情地参与小组决策。他们从小组讨论、戏剧表演和角色扮演中学习。他们需要全身心地投入到他们正在学习的内容上。一些解释性的表情方式对他们而言很重要。他们有种内在的以个人的方式与其他人沟通的意愿，并能借助于双向的互换交流而幸福成长。I型学习者宁愿选择合作，而不是竞争，甚至当他们赢得胜利时，他们遭受着一个失败者的痛苦，因为他们认同他人的能力。

对于I型的学习者，一些环境压力包括必须按顺序依次做事情，将与他们的朋友分离作为一种惩罚，一直怀揣着他们自己的想法和答案直到完成作品。

I型学习者感到的自身压力包括：自己感到不足，无法取悦重要的人，为了得到表扬和关注努力取得好成绩，有压制一切的被喜欢和被接受的欲望，不能控制他们的情感，很容易受到伤害。他们需要我们的帮助，以便能够更加客观地对待自己和他人。

总之，正如凯尔西和贝茨所说："他们对这样的老师能做出特别回应：接受和滋养孩子，用言语表达对情感的认可，因人而异下达指令，使用很多小组讨论的教学形式，真诚地回应和认可班里孩子的想法，避免把批评和调侃作为班级控制的一种手段。"

● 支持型学习风格

S型孩子，有着支持型学习风格，因为他们渴望归属于家庭团队、班级团队和俱乐部团队，所以他们是"团队里的人"。乐于助人的机会可以激励他们，在这些学习风格中，他们是最忠诚和最可靠的。

他们能比任何其他气质的孩子更好地融入到传统的课堂学习中。大多数老师班里有许多具有各自不同气质的S型孩子，他们能够理解老师，并且与他们的学习方法关联起来。S型学生喜欢做练习手册，喜欢按照顺序依次听老师讲解课文，练习的越多，越显成效。当他们学习成绩不是很好时，这可能意味着他们只是要求任务能被解释得更清楚些。给他们解释清楚，或者把任务细分成多个步骤。

这些孩子能非常融洽地与其他不同兴趣的孩子联系在一起。他们对事物或事件不感兴趣，因此需要其他人的兴趣激励他们，激发他们内在蛰伏的力量。

他们也是这四种气质中最好的聆听者，具有让兴奋的人冷静下来的能力。因此，他们能够帮助其他人赢得不同的视角和解决他们的分歧。

S型孩子最害怕没有安全感，所以他们拒绝改变。计划的变动，指令的变化，或者调换老师都使他们感到困惑。他们也不喜欢长期的、独立的项目或者开放式的小组讨论。

对于S型孩子而言，一些其他的环境压力有：不可预知的朋友、凌乱的房间、竞争，不完整或不清楚的指令；以及当他们自己的工作方法很有效时，却必须使用新的方法。

他们的自身压力包括没有能力管理好自己的时间去按照计划完成任务，或者未能以“正确”的方式构建他们的世界。从本质上说，这种类型的孩子由于需要秩序和可预测性而产生压力，他们将从学习如何变得更加灵活的过程中受益。

● 谨慎型学习风格

C型的孩子，有着谨慎型学习风格，是最为复杂的。他们渴望能力，有无穷的“应该知道的知识”要学习。他们陶醉在思考和研究的世界，喜爱发现新主意和新信息的智力挑战。他们寻找任何能让他们理解、解释、预测和控制的一切事物。他们试图依据明确的规则和法则来构建他们自己的认知世界。C型孩子更倾向于获得新知识，而不是浪费时间去写他们已经知道的东西。

当他们成绩不是很好时，经常都是他们已经放弃了达到自己的高标准。他们想，如果他们放弃了，至少没有失败。这就要靠大人们去帮助他们重新考虑他们的标准和建立优先权。C型的学生将从审视他们的选择中受益，他们意识到不能通晓所有知识，他们没有时间去完美地做任何事，也会从中受益。

与I型学习风格的孩子一样，学会如何管理时间对C型的孩子是有帮助的，但是原因却不相同。看到这么多的事情需要去做，他们变得不知所措。他们很容易地感觉到负担过重。当他们的学习成绩不是很好时，可以这样自问："他们还需要更多的时间吗？或者为了提高作业的质量，他们需要较少的作业吗？"

也可以这样问："这个孩子有必要知道这次活动的基本原理吗？"当C型孩子明白了一项任务、项目或者规则的逻辑原因时，就激发了他们的积极性。

谨慎型学习风格的孩子害怕表现不足，即害怕犯错误。这些孩子过度担心，因此阻碍了他们的进步。他们有一种内在的自我否定系统，需要经常体验成功来抵消它。

像S型学习风格的孩子一样，C型孩子抵制变化和快速决策。他们需要知道所有的细节和原因。除非您留给他们时间进行仔细彻底的思考，否则您身边C型的孩子完全没被激发出积极性。

这些孩子对他们自己的和别人的情感极度敏感。一个和谐的环境对他们至关重要，缺乏这样的环境可能是令人沮丧的。

其他环境压力有：坚持发现学习法的老师，老师和学生在课堂上"不干正事儿"，重复性的工作，要求亲自动手创作的项目，完全没有时间学习和业务知识不精的老师。

C型学习者的自身压力包括，把成绩等同于自我价值的倾向，对于花在学习上的时间不够长的担忧，因为看到项目涉及到大量的知识而没有能力去完成它们。

与他们的气质相关，每种学习风格似乎都有一个最喜欢的问题：

D型问"什么"?（需要做什么？里面哪些是我的？）

I型问"谁"?（谁要做什么？我想要与谁一起工作？）

S型问"怎么办"?（我怎么做这件事呢？我怎样帮忙呢？）

C型问“为什么”？（为什么我们要做这件事？为什么这是必须的？）

● 特别提示

学习者分为视觉、听觉、触觉和动觉学习类型。有的人通过看图表、幻灯片、图形或书面解释学得最好，其他人通过听信息学得最好，还有人通过实践，使用他们的触觉学得最好。最后一个是动觉学习者，他们边干边学。角色扮演、情境表演甚至写出他们的任务都能帮助他们。

所有这些皆可在四种行为方式中找到。通过仔细观察，您可以确定每个孩子使用哪种方法能最好地吸收信息，聆听孩子们的发言，有些使用了视觉化的词，例如，“我看懂了您的意思。”“看起来那个方法适合我。”有些采用了听觉化的叙述，如“您听起来不错”；或者使用了触觉化语言，如“感觉怎么样？”“感觉不对。”“我与那无关。”作为教师和家长，要确保我们的学习偏好并没有限制我们的教学方式。我们需要借助于这四个途径：听觉、视觉、触觉和动觉。正确而充分地利用使孩子理解得最好的途径当然可以释放无尽的欢乐。

让您的孩子知道我们都以不同的方式做事情却仍然完成得很好，他们会感到喜乐。教给他们不同气质类型的优点，告诉他们，一个明显的弱点仅是一个优点的过度扩张。

一个古老的中国谚语说道：一年之计，莫如树谷；十年之计，莫如树木；终身之计，莫如树人。当我们理解了各种行为方式和学习风格，就更加可能给我们孩子的未来留下正面的影响。我们将一直为他们的成功准备着，努力增强他们的快乐。

Activities to Release Children's Natural Joy

Part Two

第二部分

释放孩子自然天性的游戏活动

感受快乐是我们的选择。

把我们和天性结合在一起的活动鼓舞我们时，

这是一种自然的选择。

第五章

自控力训练活动

——倾听内心

每个人最终都会加入这项伟大的努力，

遵循自己内心指南中的所有东西。

通过倾听，每个人都能发现各自的力量和知识的来源。

为此，我们的付出终将得到回报……

——李科伊特《倾听》

自然天性真正源于内心，我们可以给予孩子的最好礼物是时间、技巧，以及内在的鼓励。

孩子的一天，大多被安排了大量的信息输入时间和信息输出时间，但我们很少给他们需要的时间——一个人待着，什么都不做，倾听内心的声音。躺在草地上，在林子里散步，给狗洗澡，或者——用更正式的方式——安静坐着，这些都可以让孩子倾听内心的声音。

倾听内在的声音或抽空陪孩子，可以使孩子的其他时间更高效。这就像投球一样，我们只有将手臂向后举起才能将球投得远。事实上，我们的手臂越向后，球投出去就越远。生活也是同样的道理。

我们对内心世界了解得越深，就越有可能挖掘到我们的能量、智慧和快乐的源泉，我们对外部世界的影响也就越大。让孩子拉弓射箭，或打网球时练习发球也可以起到同样的作用，让孩子体验后退带来的不同。

“倾听内心”包括短暂的静坐、安静的时间、专注、生物反馈、专注、调整以及意象导引。

当我们回归内心，我们就回归到了和平与快乐的中心。想象这样一幅画面：惊涛骇浪中，汹涌的波浪不断拍打着悬崖上的岩石。一艘船在波浪中被抛来甩去。请注意，这时的海底却是波澜不惊，纹丝不动的。汹涌的波涛不能告诉我们下面还有不受干扰的宁静，被卷入狂风暴雨的只是大海的表面。

海浪代表着我们的外在生活——充满活力，时有动荡。在每个人的内心深处，就像在大海的深处一样，有一个安静的角落，只有当我们“安静下来”才会发现它。这就是我们发现持久的和平与欢乐的地方。

类似的例子可以通过图片、电影或意象引导解释给孩子，帮助他们认识到，发生在他们生活中的一些“事情”只是表面上的。通过倾听内心他们会发现内心深处的平静。当他们到达内心的深处，恐惧、怀疑、内疚和担忧的波涛不会影响到他们，他们只关注内心的平静，那里有和平与快乐。

年幼的孩子们都有这种本能，他们常常做白日梦或发呆“安静下来”。这是一种自然的冥想状态——一种让孩子超越感官世界的生物节律。当你的孩子处于这种状态时，你或许会注意到，这时，你要鼓励他们时常回到这种状态。

安静的益处

安静是自身的回报，不该被赋予其他理由。

——乔尔·戈德史密斯

除了让安静者感受到快乐、友爱与和平，安静对孩子们也有很多具体的好处，其中包括：

1. 促进心理健康。孩子独处时更平静，不那么害怕、幸福感更强。他们更清楚自己的感情，能够更好地接受和表达。

2. 提高创造力。这在艺术品创作、口语和写作中已被证明。（在日本，技艺高超的工匠在开始创造一件重要作品之前要先有长时间的静坐，这样才能更好地汲取创造的内在源泉。）

3. 增强敏感性和对所有生命的意识。孩子们变得更加关注动植物，感受到了与他人更大的合一性。

4. 唤醒直觉。静坐是开发孩子直觉最有效的方式，它连系着更高层次的意识。

5. 提高创造性地解决问题的能力。静坐有助于孩子获得更加敏锐的洞察力。

6. 提高专注力。在学习时孩子会更专注，能长时间地集中精力。

7. 更好地放松。缓解压力，放松神经系统。近期研究表明，在学习或考试之前进入静坐状态，会使得分更高。

集体静坐也有许多好处：建立伙伴关系，与他人产生共鸣，平静的氛围，更深层次的交流，并愿意倾听别人。集体的力量可以产生更大的正能量。

刚开始的时候，倾听内心的效果可能并不明显，但只要真诚付出，效果最终会显现出来。

已经学会倾听内心的孩子最有可能获得内心的平静，以及由此带来的益处。

自控力练习

我们安静的时间是一天中最高效、

最有创造力的时间。

存在比做事更重要。

——杰克和柯妮丽娅·阿丁顿

在为孩子的静坐做准备时，我们要记住自己的角色，我们是他们的榜样。我们能教给孩子的只是我们自己亲身体验过的，因为我们的意识是可以传递的。当我们作为一个真正的榜样时，年幼的孩子在安静之初时会感到安全。

一个有助于安静的环境可以加快孩子安静的进程，也会使孩子觉得有趣。一块特别的坐毯或属于个人的彩色垫会达到这种效果。在教室里孩子们可以通过事先定好的信号集合并安静下来。您可以调暗灯光，播放轻柔的音乐，点燃蜡烛，或摇铃。

请记住，如果有太多仪式的话，有的孩子可能就不会每天进行。无论他们有何种需要，大多数孩子都喜欢有一个小巢，当他们想要独处时可以去那里。在教室里，这个小巢可以是一个小小的僻静处或铺有地毯的冰箱纸箱或50加仑的纤维板桶。除此之外，你需要的，只是时间。

● 控制身体

对于真正的安静者来说，身体放松，脊柱挺直是很重要的。生命之力沿着脊柱向上攀升，弯曲的脊柱会抑制这种攀升。当脊柱的根部和顶部成一条直线时，生命之力可以遍布全身，这样有助于集中精力。盘腿坐在地板上有助于挺直脊柱，坐在直背椅子上，双脚平放在地板上也会达到这种效果。还可以平躺在地板上，膝盖抬起，如果这种姿势不会让你睡着，是很值得推荐的。

孩子们可以通过重复以下步骤学会放松身体并保持不动：首先吸气，收紧（足部、腿部、臂部、手部、腹部、面部等）肌肉，然后在呼气的同时放松以上肌肉。对孩子们来说，重复这些步骤3至6遍就足够了。如果想要更深层次的放松，您或许会选择渐进式放松：每次收紧放松身体一部分的肌肉。从足尖处开始，然后是脚踝、小腿、膝盖、大腿、臀部、手指、手掌、手臂、腹部、肩部、头部、面部、眼部，最后是思想。放松非常重要：可以使人忘记身体的存在。

重要的是让身体舒适，不受思想干扰。

鼓励孩子们把目光集中在眉毛中间上方的一个点上。目光聚集于那个点上的一个图像有助于将注意力集中到“第三只眼”上。向上看，让能量传送到大脑和脊柱上方。也可以在额头上贴上标签或纸片帮助集中精力，但注意不要拉紧眼部肌肉。闭上双眼时，能最有效地调节身体，视觉会耗费大量能量。对于那些闭上眼睛会感到不舒服的孩子们，让他们向下看。

● 控制情绪

放松身体很重要，放松情绪也很重要。让孩子们用腹部呼吸而不是用肺部呼吸，这样可以将更多的氧气吸入体内。一种通用的呼吸练习是计数呼吸，即吸气时，从1数到5，然后屏住呼吸，数5个数后，慢慢呼气，再数5个数后呼气完毕。屏住呼吸可以增加血液中的氧气，提高注意力。

当孩子们吸气时，您可以暗示他们是在吸入快乐。当他们呼气时，您可以暗示他们是在呼出不开心。或者，他们会感到吸入体内的是平静，而呼出的是不安或愤怒。

以上呼吸练习可以做两到三次，也可以把它作为整个安静过程的重点。选择一个关注点，例如鼻孔或胸部，然后观察呼吸。当注意力分散时，缓慢地再回到自己的呼吸意识上。

● 锻炼专注力

专注力练习是摆脱我们习惯性思维方式的最有效的方法。由于清除了障碍，专注能够使思想放松。专注往往被认为是安静的第一步，安静之初应该用几分钟时间集中精力。任何努力的成功都是专注的结果。

将大脑专注于一个想法、对象、符号、场景或声音，稳定地保持一定时间，例如，对初学者来说1到5分钟。人们很容易专注于具象的事物，或是个人感兴趣的事物。孩子们可能会选择一些简单的事物，如一根蜡烛、一块手帕、一朵花、一片叶子、一支铅笔、纸上的一个符号、一块石头或是一块水果。

孩子们将自己想象成磁铁，把专注的对象吸向自己。您可以用一块真正的磁铁演示这个想法。例如，如果他们专注于一朵花，鼓励他们想象着整个世界里只有他们自己和那朵花。当这种想法进入他们的大脑，他们会把所有注意力放在那朵花上。

您可以提醒他们正确的姿势会帮助他们集中精力。保持身体直立，位于第9到第12根椎骨的生命之力会升至全身，使大脑高度集中。

一位母亲给她的孩子每人一块手表来锻炼他们的专注力。她说："我想教给你们控制手表，而不是让手表控制你们。看着表盘，算算你们一次可以让大脑完全平静多长时间……"这种平静是出于挑战和冒险，而不是被迫的。这位母亲说："他们发现自己可以看着手表让大脑平静的时间越来越长。一分钟、一分半、两分钟、三分钟，时间逐渐延长，同时神经和肌肉完全放松，直到一次可以坚持五分钟。当注意力分散时，依靠大脑的力量把它召回来，这时大脑又能变得空白了。"她接着说，"他们对这项练习很感兴趣，从不觉得厌倦。"

这位母亲说，最终她的孩子们都学会了控制自己，能和她安静地坐在一起，"完全被动地等待一个小时的完美休息"。在完全休息和放松时，他们感受到了快乐。

让身体静止不动，情绪和思想平复下来，个体摆脱身体的意识，进入内心的净地——一个没有思想的寂静之地。那里可以深切地感受到平静、自由和快乐。

自控力训练活动

寂静中所有事情都有了答案，

所有问题都被解决了。

——《奇迹课程》

每个人都有其最佳的行为方式，最好给孩子们提供不同的方式，不要坚持让他们遵从您喜好的方式。注重倾听，而不是技巧。

根据孩子们的年龄、性格和经历，有很多类型的练习活动可以让他们倾听内心。

静坐

当然不能指望坐不住的幼童使用一些冥想的技巧，这些技巧需要静止不动才能完成。所有活动中，每个孩子都要从适合他们的阶段开始。如果您的孩子对安静或倾听内心的概念不熟悉，或者他们太小，可以慢慢地从“静坐”开始教他们。您可以让他们闭上眼睛静坐一到两分钟。孩子们会习惯自我调整，越来越受到内心的引导。在进行新的活动之前，最好静坐一会儿。在学校里，静坐通常在两项活动之间进行。因为这样孩子能够反思刚完成的活动，并为下一个活动做好心理准备。我发现在两项活动之间静坐几分钟，我的教学会更高效、更顺利。

符号想象

毕达哥拉斯神秘学派发明了几何学，发现了数学、天文学和音阶的一些基本原则。符号想象是按顺序专注于三个几何符号，每个1～3分钟，总共3～5分钟连续的专注。

这些符号是：(1)中心带点的圆；(2)一个加号；(3)一个等边三角形。专注的顺序必须是1—2—3，每次只看一个符号。每个符号都应仔细地在打印纸上或10×15厘米的卡片上画出来。孩子可以坐下，把这个符号放在腿上或桌子上看，或者全班一起看画在黑板上的符号。

指导孩子用眼睛或大脑“画出”这个符号，要持续不断地画，以避免外在思维的打扰。圆要按顺时针方向画；加号先从上到下画竖，再从左到右画横；从左下角起，顺时针方向画三角形。鼓励孩子尽量专注于当前符号，走神时，要将思绪带回来并“感受”当前符号。

研究表明，按指示每天进行符号想象，能够平衡人们的思维和情感。

对于所有技巧都要询求指导，看是否适合孩子，尊重孩子对任何技巧的抵制，不要强求。因为我们也不知道心灵成长的正确方式。

聚焦色彩

色彩是一种重要的力量。它可以对大脑和情感产生巨大的影响。最近，我听说研究员芭芭拉·维塔勒走进一间教室，询问老师哪位同学不能按时完成作业。老师指了指莎莉，她正在费劲地写着数学作业。芭芭拉走过去，问莎莉最喜欢什么颜色。莎莉就拿出了她喜欢的颜色的毛毡布放在桌上。然后，莎莉第一次完成了数学作业。这是因为色彩对孩子有更大的影响力。感谢有了像芭芭拉这样的研究员，在许多教室后排的椅子上都摆放了一摞彩色毛毡布。孩子们可以到后排座位上挑选自己喜欢颜色的毛毡布，坐在旁边或者拿回自己的桌子上，直到注意力能够集中。

色彩也可用来治疗或集聚能量。在身体的某处专注于喜爱的颜色，用鼻子有节奏地呼吸：吸气时慢慢数到5，屏住呼吸数到10，同时想象着那种颜色，然后呼气，数到5时呼气完毕，连续做5次。关于哪种颜色适用于哪种目的，各家观点不一，但如果我们相信自己或我们的孩子能为当前需要选择适合的颜色，我们就不至于错的离谱。孩子可以真的看着一种颜色，或仅仅在大脑中想象，结果都是一样的，因为影响我们大脑的事物也会影响我们的身体。

由于色彩对个人是有影响的，因此让各年龄段的孩子选择自己衣服的颜色很重要。他们本能地知道他们需要穿什么颜色的衣服。

研究者认为，具有普遍治疗功能的颜色有三种：金橙色、青绿色和绿色。而天蓝色代表和平、和谐和宁静；浅玫瑰红色代表爱情和感情；紫色代表转变、净化和宽恕；黄色激发智慧、思维和想象力；银色促进直觉、创造力以及艺术表现力的发展。色彩的使用是一门科学，也是一门艺术，值得探索。

这是一个很好的案例。在放松或呼吸练习后，“想象一个避风港，四周是高高的常青树。平静的蓝色海水温柔地拍打着岩石，岩石上满是贝类。海浪冲到岸上，溅起的白色泡沫混合着深棕色的海草。海滩上零星散落着银灰色的浮木。地平线上是融合了火红色和紫色的夕阳，光芒四射。每一朵云彩都沐浴在玫瑰色中。”确保有大量的时间来想象。这种色彩想象能够唤醒孩子对色彩意识的灵性，有助于培养专注力，并协助自愈。

记日记

记日记是反思和静心的一种方式，已经成为了年轻人倾听内心的流行方式。日记本可以是孩子探索内心空间的工具。

记日记很适合与上述的思维焦点和倾听引导一起使用。例如，孩子可以关注一个问题或一个字，一旦他们的身体、情感和思维静止了，他们可以写下大脑中出现的想法。或者他们可以依赖内心的引导，在静坐之后写下之前并未决定写的内容。

日记是完全私人的事情，不会共享给其他人。只有将日记只给自己看时，我们才能畅所欲言，帮助我们更好地看清我们自己。如果我们担心其他人会看到我们的日记，我们可以判断并阻止我们的意识。

即使我们忘记了拼写、语法或标点，我们也可以自由流畅地书写。这种书写唯一的规则就是写得足够清楚，能让我们自己轻松地认出我们写的是什么。回顾日记也很重要，帮助我们看清自己的生活方式——哪些事情一直在发生，哪些没有发生过；在处理事务时，我们是如何改变或不变的；我们认为哪些事情重要，哪些不重要；等等。日记是帮助我们倾听内心的工具。有一些书介绍了如何开始记日记，包括记录与真实的或虚构的人们的对话，以及以自问自答的形式探讨某些话题，如开心、创造力、坚持、目的、兴趣、家庭、诚信、权威、共享、害羞、幽默、自我控制、金钱、死亡、玩乐等。我认为一个能够记日记的孩子完全能够就上述话题倾听内心并记录下来。

当我们感到身体不适时，我们日记的主题可以是“我们的身体想要告诉我们什么？”我们的身体是一个很好的调试工具，当我们与自然不协调时，它会通过身体的信号告诉我们。

睡前伴乐故事

音乐可以帮助我们平复思维和情绪，但却不能给我们一个安静的环境。

有许多优美的伴乐故事可以引导大人和孩子，这可以作为倾听内心的第一步。适合孩子的伴乐故事常在睡前时间播放。在播放时，家长要将自身的体验与孩子分享，还要观察孩子的反应，这很重要。要教会孩子如何放松，在播放过程中，最好让孩子平躺在床上，四肢自然平放，闭上眼睛。鼓励他们想象自己也是故事的一部分。

即使孩子已经睡着了，也要再播放一会儿。研究表明，人的大脑会显示它所听到的话并对其有所反应，即使睡着了也会如此。这就是为什么我们决不能在一个睡着了的孩子面前说话，正如不能在一个醒着的孩子面前说话一样。

不要让孩子每天都听，否则他们会依赖才能睡着。帮助他们认识到即使没有故事听，他们也可以想象到美好的经历，他们可以利用想象力编出自己的故事。

静默之时

要强调倾听内心的价值，而不是一味地讲话，为全家留出一些静默的时间。尝试一个周末或每月一天、每周一晚的静默时间。静默，意味着没有电视、音乐或电话。审视自我，进而尝试自我控制。

作家芭芭拉·斯卡兰迪诺说：“如果沉默是金，那么沉默也是必需的……您的大脑和身体时常需要休息，远离声音、噪音，甚至音乐声的打扰。”

您会发现在特定的时间更适合使用某些技巧。确保给自己和孩子安静的时间和鼓励。

安静之后

告诉孩子们在静默中坐一会儿，然后慢慢站起来。

在教室里，最常见的方式可能就是一些创造力的表现了，如绘画、写作、创造性活动和跳舞等。

教育家斯蒂芬妮·赫佐格指出："安静之后，孩子们拥有了更强、更活跃的能量，正等着来消耗这些能量。如果不能用这些能量做事情的话，就如同开启了孩子的潜能却意识不到这种天分的珍贵。"在她的课堂经验中，引导这种能量的最佳途径之一是让孩子们玩有意识的游戏。她说："我从没见过孩子的脸这样充满活力和快乐，在他们玩有意识的游戏期间，以及刚刚玩完游戏时，这种表情表露无疑。"

在孩子们结束安静活动后，还有一些老师让每个孩子记录下他们的安静活动经历。孩子们有15分钟的时间用记日记、录音、绘画、作诗、剪贴或其他方式记录。在他们的印象还清晰的时候把一切都记录下来。然后他们再分享、讨论自己的经历。这时是向他们提问，让他们成为权威的最佳时机。随着新观念对他们的刺激，孩子们通常能在安静活动后继续他们未完成的工作。

记录下他们的安静活动经历不仅能让孩子们增添能量，还能帮助他们培养交际能力，让他们有机会找出是什么让他们如此兴奋。

集体自控力训练

卡琳·戴蒙德的《爱它，但不要给它贴上标签》一书中为团体制定了一个非常有效的安静训练形式。这个形式适用于家庭、课堂、办公室和团体。下面简要介绍戴蒙德建议的几个步骤，教师和家长可根据具体情况作调整和变化。

1. 团体围成一个圆圈手拉手坐在一起，静默20到30秒，或唱歌，或念一首诗。

2. 然后松开手，闭上眼睛，每人都想象这一天他们想要帮助别人什么。想到了就说“准备好了”。

3. 有一个人作记录员，他写下每个人的需求或关注的事情，然后留出空来以备记下他们在安静训练时可能得到的答案。（这一步可以跳过，但这一步非常有价值。）

4. 所有人都闭上眼睛，然后询求他们的内心解答他们的需求。

5. 团队中有一人通过引导意象带领大家找到能给他们答案的人或物。

戴蒙德建议的例子：

电话响了……电话另一头的人回答了您的问题。

您在一条小溪边……一条鱼浮出水面回答了您的问题。

您来到了一家中餐馆……答案就在签饼（译者注：内有预测运势的小纸条，经常见于国外中餐馆）中。

一株漂亮的植物在你眼前生长……花朵绽放，您的答案就在花中。

6. 有了答案时，就说“准备好了”，然后由记录员记下答案。

7. 最后大家一起手拉手唱歌，或念一首熟悉的诗，或安静地坐着互相表达爱意。

戴蒙德强调释放过去以及遵从接收引导的重要性。

第六章

自我管理训练活动

——与自我对话

你对你的朋友，

甚至对你自己所说的关于你自己的每一句话

都会成为事实。

——奥林

你希望你的自我对话如何为你提供振奋人心、快乐的信息呢？这些信息会为你带来自由，而不会束缚你。我们能够学会自我对话并教给我们的孩子。自我对话能让我们与宇宙法则和谐一致，进而与我们内心的快乐和谐一致。

自我对话表现为各种形式：安静的、口头的和书面的。通常情况下，自我对话是我们大多数时候的无声表达，它让我们知道我们对自己和其他人或事的看法。然而，自我对话还包括大声的自言自语或者和别人谈论起自己。例如，和自己的对话（“干得好，佩吉。”）；向朋友抱怨（“这几天我好像什么都干不好。”）。自我对话的书面形式可以是给朋友的书信，还可以是自我对话的文字，或自我肯定的文字。

自我对话是通过语言的自我管理。我们的语言产生态度，态度产生情感，情感决定我们的行为。我们的语言支配我们的生活，创造了我们的现实。

语言的力量

我们可以通过改变自己，

改变我们的生活和我们周围人的态度。

——鲁道夫·德瑞克斯

语言如同我们在大脑中播下的种子。它们在那里生根发芽。如果长时间重复，语言会形成态度和信仰。

不要怀疑语言的力量——不管是自我对话还是从他人那里接收的语言。语言是催眠师的主要工具，我也见到过一些令人惊异的现场示范。下面举两个例子：

第一个例子是关于艾伦的，虽然在我看来他很警觉也很自然，但他很快就被改变了。催眠师让他躺在地毯上，告诉他会被固定在地板上，无法坐起来。当命令他坐起来时，我们都看到他想尽力起来却起不来。示范继续，艾伦站立着却抬不起他的右脚。旁观者都按自己的想法给他出点子。“抬起脚趾，抬起脚后跟，抬起你的膝盖”，这些建议都不起作用——他已被无可救药地“固定住”了。想想我们无意中的语言也许会使我们的孩子“固定在”毫无意义的情感中。语言和思维能在潜意识里留下深刻的印象。

另一个例子，康斯坦茨被要求从一数到十，而每次她数数时都会忘记数字3。看她数数很有趣：她竭力要把数字数正确，但每次都会漏掉数字3。难道不是有这样一个强有力的信息去限制性地对我们的潜意识进行编程吗？大人们经常简单地以为孩子的智商都是在 7 岁以下。就像被催眠师控制一样，年幼的孩子会受到自我对话和大人对他们评价的影响。

我们也可以用语言来消除限制，即用肯定的陈述。在教师教学课堂上，我听到的一个真实的故事很好地说明了这一点。

一位经验丰富的幼儿园老师的班上来了位新同学汤米，每天妈妈把汤米送来后，他就开始大哭大闹。几天后，这位老师认为汤米现在还不适合上学。但她还是决定最后尝试一下她听说过的一种方法——肯定这个男孩。

第二天，汤米来到幼儿园还是一如既往地大哭，老师大声喊道（为了让他听见）:“汤米喜欢上学！”那天早上，老师这样喊过很多次，但汤米还是嚎啕大哭。许多孩子也来帮忙，也喊道 :“汤米喜欢上学！”到那天下午，汤米已停止了哭泣，甚至还在点心时间和其他小朋友一起玩。

接下来的几天，老师一直在肯定他，每一天汤米都能参与越来越多的活动。潜意识会相信我们告诉它的一切——如果我们不断地富有感情地说。像汤米这样年幼的孩子正处于自然的接收阶段，用不了多久就会让他的潜意识相信我们说的话。

我们可以教会孩子们自我对话，积极、乐观地加深潜意识的印象。他们现在的自我对话大多都是些令人沮丧，甚至让自己消沉的语言。可以用肌肉测试来证明这一点。我曾亲眼目睹一位志愿者把胳膊伸直，演示者来测试他的力量。她让志愿者自己（默默地）说一些积极的语言。她按压他的手臂，手臂没动。然后，她让志愿者给自己说一些消极的语言。这次，虽然他的手臂有轻微的反抗，演示者还是能轻易地把他的手臂按下去。

如果做得适当，肌肉测试是给孩子做的一项有趣的信息性活动。首先建议他们情绪低落或想象一下他们失败的时候。然后测试他们的肌肉力量。接下来，让他们转为积极的自我对话或想想成功的时候。再次测试他们的肌肉力量。不同的结果会给人们留下深刻的印象。

限制性的自我对话

成功来自于我能。失败则源于我不能。

——弗雷德·西利

我们大多数人都认同贬低自我的语言有明显的危害，尽管我们可能没有意识到这些让我们感到无力、受到限制的微妙的语言。学会自我对话首先要意识到正确地使用语言。要达到自我交流的更高层次，我们必须知道我们使用的语言是否会限制我们。

●“……让我做的”的语言结构

专家穆尔曼列举了一些“……让我做的”语言，都是一些责备的语言——“是他让我做的。”“那让我很生气。”“她让我很开心。”“他让我很尴尬。”“考试让我紧张。”把所有情感都归咎于外界因素是不对的，因为选择情感的是我们自己。“情感是对外界行为的个人反应，是受我们自己控制的。”

我们熟悉的“使动”语言有：“你让我失望。”“那让我很烦。”“他冒犯了我。”“那太令人沮丧了。”“她让我失落了。”“他改变了我的想法。”这样的例子能举很多。“使动”语言强调了一个错误的观念：那些都是不受我们控制的。这种语言使我们放弃了我们自己的权力。

为你的孩子模仿一些自我负责的语言。这里有三种说法可以代替“他让我生气”：“我让我自己生气。”“我选择了生气。”或只是说“我很生气。”

专注地倾听孩子们的语言，注意他们的限制性的语言。不要打扰或更正他们的限制性语言。在合适的时间用合适的方式给孩子解释语言的力量。大多数孩子都可以类比计算机，潜意识就像一台用语言编程的计算机。而语言选择不当会剥夺我们的天性、爱、自尊以及个性。

●“不得不”语言结构

“不得不”是另一个陷阱。但是只要你理解了“不得不”的意思，你就能帮助孩子来理解。

有没有做过一些你不想做但又不得不做的事情？大多数人，尤其是孩子，会回答“做过”，但实际上答案应该是“没有”。很多人都错误地将“想做”等同于“喜欢做”。但其实“想做”实际上是“选择做”。当我们选择做不喜欢的事时，我们仍然想要做这件事。《感觉良好》一书中有一个例子，“你想去看牙医吗？”“不想。”这是把“想”等同于“喜欢”的人的回答。那你为什么要去呢？大多数人的回答是两害相权取其轻。按这个道理，他们是选择去的。

“我不得不做我的功课。”孩子抱怨道。不得不做某事给我们的大脑计算机的信息是我们无能为力。当我们做我们不想做的事情时，我们感觉受到伤害了，没有任何快乐可言，阻止了我们的其他选择。如果我们愿意付出不做的代价，那么真的没有什么事会让我们不得不做。当我们决定做这件事时，我们说我们想做。我们宁愿做，也不会不做。这使我们找回了一些力量。

当我拒绝别人邀请我去游泳、露营或参加其他暑期活动时，我发现我会说："我不得不完成手头上的这本书。"其实是我想要完成这本书，而不是害怕在交稿期限内不能完成。当我进入了"不得不"的思维模式，我的能量也被堵塞了。而"想要做"释放了我的能量和天性。

关于这一点有一个清晰的对策可借鉴。"每次做你不想做而又不得不做的事情时，问问自己：'如果我不做要付出什么代价？'如果你不想付出这种代价，那么你或许可以确定你是想做这件事的（尽管目前你不喜欢做）。"当我们意识到我们从没做过不想做的事情时，我们就不再认为我们是"受害者"了。我们的行为是我们自己的选择。"当孩子们意识到他们不是父母武断决定的无助受害者，而是他们自己选择为此后果负责时，他们就会放弃对权威人士的一切抵抗。"鼓励他们自我对话时使用"我选择做"，而不用"我不得不做"。感觉良好还是感觉不好，都是他们自己的选择，他们自我对话的内容就决定了他们的选择。

另外一个要避免使用的词是"需要"，因为这个词会产生依赖感。只有食物、水和爱是我们最基本的需要，其他的都是我们想要的。说"我想要"能使我们有责任感。

● "不能"的否定结构

自我对话中不要说"我不能做"，这一点毋庸赘述。"不能"明显地暗示了我们没有选择，事情不受我们控制。教会孩子负责任，用“不”、“不会”或“选择不做”等词汇替代“不能”。“我不抵制冰淇淋”，“我不会抵制冰淇淋”，以及“我选择不抵制冰淇淋”都要比“我不能抵制冰淇淋”更准确。

想一想，“不能”思维是多么大地限制了我们自己和孩子啊！如果我们一次又一次地告诉我们自己“不能”，那么我们就直接影响了我们的潜意识，最终也会影响我们的信仰和行为。正如前面提到的，如果我们一次又一次地认为我们的孩子“不能”，那么我们就直接影响他们的潜意识，最终也会影响他们的信仰和行为。

“不能”明显地属于限制性的语言。但是您有没有发现您自己或您的孩子在使用类似的自我限制性的语言呢？如：“这不可能。”“这没有用。”“我太累了。”“我从没被选上过。”“我总是迟到。”“我就是这个样。”

鼓励孩子使用自信的语言，即不让他们使用像“希望”这样的消极词汇。要说：他们期望考出好成绩，或他们知道那将是一次很棒的旅行。也就是说他们不要使用否定的语言——那些否定他们的价值和能力的语言。这些语言包括：活动开始前的道歉（如：“我准备得没有我希望的好。”）、自夸、夸大其词、过分谦虚（例如：“这只是我的看法。”），以及自我辩护或评判。即使他们还不知道当前问题的解决办法，也要鼓励他们使用积极的自我对话——告诉自己“我知道”。

●“应该”结构

如果我们想要达到释放自然天性的状态，还要在自我对话中避免使用的另一个词是“应该”，除非该词用在特定的语法中，如“如果……那么……”这样的复句中。“我应该帮助他们。”“我不应该说谎。”“我应该叫她。”当我们说，“我应该”时，通常后面还有未说的话——“但我不能”，“我不会”，或“我不想”。

“本应该”和“本不该”常常意味着需要控制过去，而这种事是我们无法控制的。鼓励孩子不要想去改变那些不能改变的事情。我们全神贯注的力量不断扩张，只有不去想过去的错误才有意义。“本应该”和“本不该”只会让我们感到内疚。内疚是内在的气愤，使我们放弃我们的权力。甘茨和哈蒙提出了一个感觉良好的自我对话方法：

“本应该”不重要。

过去的事我们无法控制。

我一直都有意识地尽力把事情做好。

尽管我有错误、失败和不足，但我一直都感觉良好。

鼓励孩子不使用“本该”，而是说“可以”。“我可以帮助他们的。”“我可以邀请他的。”“但我没有。所以现在要怎么办呢？”记住，他们会从你身上学到最好的语言。

● 评价性语言

我们来看看其他需要避免的自我对话的语言：评价性的语言。这些语言包括奚落、指责、自我批评、挑剔、抱怨、起外号、八卦、评价性的表扬，以及使用“仅仅”和“只是”等。“我只是个孩子。”“我仅排在第二位。”“我怎么这么笨。”“干得好，傻瓜！”“我没有创造力。”这样的例子比比皆是，不胜枚举。记住，评价是一种自我实现，依据不充分，通常揭示的是评价人而不是被评价人。

● 他人的意见

他人的意见是另一种使我们失去权力的自我对话的形式，“我们讨厌那样。”“乔认为这是一个好主意，我同意。”“人们不喜欢你做那件事。”这些说法都表示我不够好，所以我需要别人的意见。为自己说话，使用“我”促进自我责任感，进而会有更大的快乐。

要警惕其他限制性自我对话的语言，这些语言会让孩子自我怀疑、感到无能为力，不负责任，而不是自信、感到强大有力、负责任。

肯定性的自我对话练习

习惯性思维把自己框在了我们的生活中。
它对我们的影响比我们最亲密的朋友的影响都大。
我们亲密的朋友都不能像习惯性的思维一样
塑造我们的生活。

——蒂尔

使用积极的自我对话同避免消极的自我对话同样重要。积极的自我对话可以让我们有健全的自尊。肯定的陈述是良好的第一步。将肯定的陈述定义为积极的声明：我们是谁？我们会成为谁？或我们会经历什么？肯定的陈述是改变我们意识的一种方法，它与我们内心的神圣完美和谐统一。我们的潜意识产生的情感对我们来说是真实的。潜意识接收积极的思维同接收消极的思维一样。通过有意识的肯定陈述，我们可以抵消从自我对话和别人那里接收的消极信息，用更高层次的信仰替代有限的信仰。

● “我是……”结构练习

在肯定陈述中，我建议要强调“我是”这个结构。“我是”后面的句子对我们有特别大的影响。非常重要的一点是要避免在“我是”后面使用消极的句子，例如：“我是个笨蛋。”“我很慢。”“我是病人。”鼓励孩子在“我”后面使用建立自尊心的句子——“我是胜利者。”“我可爱又有能力。”“我很友好也乐于助人。”“我与宇宙是一体的。”“我充满了光和爱。”“我对别人有好的影响。”“我是独一无二、有价值的人。”要帮助建立“我是”的意识，参见第十章中“我是……”的游戏（见P194）。

● 创建有效的肯定陈述

有效的肯定能直接且强有力地和自己对话。下列指导能使肯定陈述有效。

1. 使自己的肯定陈述个性化。可能的话，使用自己的名字。“我（名字），是一个强壮的游泳运动员。”

2. 肯定陈述时用现在时。潜意识是很准的，如果肯定的陈述说会发生在将来，那么它会认为这种肯定只会发生在将来。

3. 肯定的陈述应该表明自己做到了要做的事，不是自己“在努力做好这件事”。例如，“我清楚地表达了我的看法。”

4. 如果大脑中同时出现画面的话，肯定的陈述会更有效。一幅画面胜过千言万语。我们形成的潜意识能很好地对具体的想象有所反映。

5. 肯定的陈述应该描述自己要培养的事情，而不是描述要摆脱的事情。用“我现在心平气和”代替“我没有发脾气。”

6. 明确指出自己想要达到的目标：“我能在游泳池里游三圈。”而模糊的目标，例如“我是一个游泳好手”只会有模糊的结果。

7. 在肯定的陈述中注入感情：“我喜欢按时起床。”你感到越快乐，肯定的陈述就越有效。

8. 肯定的陈述要简洁，以便于在需要的时候能很容易想起来。

9. 避免依赖他人行为的肯定陈述。

10. 确保肯定的陈述符合自己的最高理想、最高目标，最好的在你心里。别小看自己。当我们关注于最高目标时，所有的门都为我们打开了。

能让孩子们使用的最重要的自我对话，是建立尊严的自我对话。例如“我感觉温暖，感觉很好。”“我非常爱自己，爱我的一切。”或者“我总是想方设法为自己和别人准备食宿。”“我真的很特别。我喜欢自己现在这样，我感觉很好。我是独一无二的，从头到脚都是。”

● 标语式的自我对话练习

这是一种简洁的肯定陈述，就像贴在汽车上的标语一样。经过多次重复，它们已进入到我们的潜意识，当我们最需要的时候，它们就会出现。

下面是一些我喜欢的标语：

我拥有的已经足够	大胆试试吧
我能做到	行动起来
我能应付	现在一切都已具备
情感创造	现在就做
我给予我获得	天意
我们是一体的	我应该得到最好的
想想爱	谢谢您

● 自我接受练习

自我对话是接受自我和他人的对话。要接受，我们就不能要评价，评价是我们对自己和他人批评性的思维。那么如果别人批评、贬低、侮辱我们呢？重要的是我们如何转述别人对我们的看法。这种情况下，我们要使用积极的自我对话。我们会立即开启输入模式，将能够消除这种侮辱影响的陈述输入到我们的大脑计算机中。

下面这个技巧适用于各年龄段的孩子。如果有人叫约翰傻瓜，你就叫他山姆。“但那不是我的名字。”约翰会这样反驳。你这样是在指出，正如他强烈反对别人叫错了他的名字一样，他也应当拒绝别人给他的负面标签。负面的标签和山姆这个名字一样，都不属于他。如果他觉得大声驳斥不安全，他可以在内心对自己声明：“我是约翰，不是山姆。”这代表了拒绝一切非积极的、负面的影响。一位父亲在他的孩子受到玩伴的辱骂后，开始叫他“车”。在拒绝“车”这个称呼时，这个孩子同时也在头脑中拒绝了别人的辱骂。

在我意识到潜意识的力量之前，我会让别人对我的批评或辱骂回响在脑海里。我的大脑不会同意这些辱骂，但我会一遍又一遍地听，像不断重复的唱片。现在我知道了潜意识是如何运作的，我意识到自己才是最大的敌人。那时，我没有用这些技巧——积极的自我对话——来消除那些令人痛苦的语言。如此看来，教会孩子们积极、正面的自我对话是多么地重要。我们不仅要消除别人给我们的批评，更要消除我们自我批评的禀性。

找出你认为会限制孩子自我对话的地方，帮助他们想一些高兴、积极的陈述输入到他们的大脑计算机中。你也可以给他们说一些肯定的话语。我们总是轻易地就批评孩子，却很少用积极的语言来评价他们，可以让他们享受、珍惜并乐在其中。

对我们自己也是如此。如果我们习惯于对自己说些积极的语言，我们就不会对贬低和辱骂反应过度。因此，这种语言反映了我们对自己的态度。

当我们正在经历情感上的痛苦，用爱来拥抱这种情感很重要。它能释放被我们的评价所压抑的能量。当我们评价或批评自己、他人或境况时，我们是在阻塞能量。这会给我们的思维和身体带来负面影响。

另一种解决情感痛苦的方法，是尽可能地重复激励人心的语言：发出这些语言产生的震动就可以平复我们的情感。如果较大的孩子有了某种强烈的感情，你可以建议他们写出适当的肯定陈述，提醒他们，他们是受人疼爱的孩子。例如："发生的每一件事情都是为了让我更进步。""我是一个快乐的、人见人爱的孩子。""目前我总能尽力做好事情，你也一样。""我选择这个经历是因为能够得到教训。"

这些陈述同样适用于身体的疼痛。多年前我听到的一个真实的故事，给我留下了不可磨灭的印象。一个八岁的小男孩独自一人在公寓时，电加热器把他的睡衣烧着了。他尖叫着跑进公寓楼的走廊。等他获救时，他已经严重烧伤了。他不断地一遍又一遍说着他所知道的、肯定性的话："我是快乐、健康的孩子。"在救护车上、在急诊室里都能听到他在重复那句话。他不停地专注于这一个念头。在病房里，他失邻床也是一个烧伤的小女孩，伤势比他要轻得多。但最后，小女孩死了。这个小男孩却奇迹般地活了下来。

● 每日思考

另一个在家或学校开始一天的鼓舞人心的自我对话方式是"每日思考"。每日思考可以是一句格言、一首短诗或仅仅是一个词。

像歌曲一样，背上几句上口的警句能在需要的时候给孩子提供帮助。背诵激励人心的警句帮助孩子们达到自身的最高境界。它还鼓励人的真正的理想，促进了分析思考，开发了记忆。这是一种有趣的方式，能用很少的时间带来真理的教导。

你可以用各种方式呈现每天的思考。你让孩子们记得越多，或越多地做相关的游戏，对他们就越有用。

1. 把警句写在5×8厘米的卡片上，放进文件盒中。每天拿出一张卡片供全家或全班学生共同学习，也可以让每人自己拿出一张来学习。晚餐时拿出这个文件盒很有意义，这样每位家庭成员都有机会拿出自己的卡片。最好是与他人分享您认为您为什么拿出了那张卡片以及卡片上的文字对您的意义。

2. 制作一个活页笔记本，写上警句，并编号。在选择每日思考时，试着把这句话的意义以及孩子的世界正在发生的事情都附在这句话后面。或者您也可以直接问问孩子那天要选择几号。孩子们可能会说出它们想要选择的号码。

3. 在一摞5×8厘米的卡片上部打两个孔，穿上大的金属环。写上适当的警句。如果您写得足够多，这些卡片就能很漂亮地立起来。警句可以按顺序选择，也可以随机选择。

4. 为全家或全班选择一个句子，放在早餐桌上、写在黑板上。或者每天都放在不同的地方让孩子们去找。您也许想要永远保留一个激励人心的思考，在我家的冰箱上就有一个

我感激快乐的日子：

奇迹一个接一个，欢乐永不停息。

5. 打开最喜爱的一本书，你可以在书中立刻找到您需要的知识。

鼓励孩子说说自己对“每日思考”的想法，准备一个特别的笔记本，记下对他们有特别意义的诗歌和警句。如果他们的年龄足够大了，就让他们背诵一些警句。这样不仅可以开发他们的记忆力，还可以重组他们的潜意识。需要的时候，就能想到这些想法。

与自我对话的训练活动

这里有各种建议活动，你可以在适当的时候，按照你自己想要的顺序进行。

倾听自我。倾听您当前的自我对话很重要，这样您就知道需要改变什么。奇克·穆尔曼称之为监控您的想法。让更高的自己帮助您了解您在接下来三天的所有想法和要说的所有的话。倾听积极和消极的

自我对话，注意分辨您的观点是积极的还是消极的。当你醒来、穿衣服、吃饭、学习、开车、看电视、面对问题时，要倾听您的内心。

检查自我对话。您可以随身携带一个停车计时器或小型的厨房计时器为您的自我对话计时。将计时器随意设置停止时间（如3分钟，10分钟，7分钟，20分钟，5分钟），当计时器鸣响时，你要留意在最后几分钟里，你都在告诉自己什么。你向大脑计算机里输入的是积极的还是消极的程序？老师可以让整个班的同学一起做这个活动，让每位同学一起检查自我对话。当然，不会让同学当场分享他们的自我对话。

激励人心的语言。如果你的自我对话令人不安、忧虑，那就换成吸引人的、激励人心的语言，这样的语言会让你感到快乐。例如“我感觉很好，我感觉很好，我要保持这种状态。”或者“我得到了快乐、喜乐在我心中。”这样标语式肯定的陈述，又如一些人喜欢像“当情况变得艰苦时，只有吃苦耐劳的人能继续前进”这样的口号。意图是要消除负面思维。

坚持记对话日记。有多种方法来记这种日记。你可以先让孩子们列举出他们最常说的消极的自我对话。这包括您听到他们使用过的，例如“我不能”，“我今天不走运”或“我不得不去看牙医”。让他们用其他方式重新组织上述语言，并记录到他们的日记中。他们需要时给他们提供帮助。

可以鼓励大一些的孩子自己做这项活动，但年幼的孩子还是需要家长或老师的帮助。老师可以准备一个大日记本，为班上每位同学各准备一页。下面列出的一些活动也可以写在日记中。

列清单。接下来的几个月里，让大一些的孩子把他们想要完成的事情列举出来。包括克服一个困难或克服恐惧，培养一项运动技能、才能或自尊，和某人交朋友，等等。然后让他们在这份清单中选出三项，并写出能够帮助他们完成的自我对话的内容。

他们要以肯定自我的“我是”开头，然后再加上句子强调肯定的陈述。“我是一个守时的人，我喜欢按时到达。我总是提前去我要到的地方，准时或提前到达。在守时方面，我受人信任。”

回答“你好吗？”这个建议是穆尔曼提出的，可以直接使用。只需要提前想到对这一常见问题的回答，如“一般般”“非常好”等等。针对问题“你好吗？”“你最近怎么样？”“你怎么样？”，让孩子们列举出所有回答。他们可以选择两三个回答。帮助他们理解这是有意识地控制他们的思维，即他们如何看待自己。

玩侦探游戏。这也可以作为日记活动。在孩子看电视、听广播、听他人说话时，鼓励他们发现会限制人们的语言、使人们感到无能为力的语言。让他们侦察出能产生自我怀疑、犹豫不决、不负责任的语言。当他们成为“语言侦探”时，他们就能选择产生快乐的自我对话。

肌肉测试。研究本章开始提到的肌肉测试的艺术，并拓展这项活动。头脑可以通过肌肉测试显示重要的信息，但需要大量的实践才能利用好。

描述自己。不使用任何评价性的语言，对同伴或在日记中描述自己的外貌、能力、行为等所有一切，但不做评价。

描述他人。同样，不做任何评价地对同伴（父母、朋友、同学）描述你的老师，兄弟姐妹，父母，你的学校，一天的生活，卧室，一只宠物。

使用录音机。将您在餐桌上的谈话或学校里的集体讨论录下来。回放录音，记下所有限制性的语言、拒绝的语言、评价性的语言等。

录下你想要输入大脑计算机中的肯定的自我对话。在准备措辞、录音时，要表达出：你真的喜欢自己，并自信你是最好的。在你睡觉或醒来时播放录音，这些时候你的大脑处于完全接收状态。除此之外，尽可能多地听听这些录音。重复对重新输入很重要。

提示卡片。我们经常回顾的事情也影响我们大脑的程序。将肯定的陈述放在你经常能看到的地方。你也可以制作一套语言卡片，用来提示你想要选择的语言。对于初学者，可以将下列语言打印在5×8厘米的卡片上。

把“本应该”改成“可能会”

把“需要”改为“想要”

把“不能”改为“选择不”或“不会”

把“不得不做”改为“选择做”

把“但是”改为“和”

把“如果”改为“当”

肯定的陈述箱。准备一个漂亮的箱子，里面放上写在小纸条上的简单的肯定陈述。这可以作为大多数年龄段孩子的课堂活动。确保纸条上的文字和想法都适合学生的理解水平。每周结束时，请同学们周末回家写下特别的感想。在课堂上花几分钟时间让他们把自己肯定的陈述视觉化，然后在头脑中显现出来，感受它，并把它的意思大声说出来。讨论他们在周末将如何把这种感想融入他们的自我对话。孩子们再回到课堂时，让他们用肯定的陈述来分享经验。他们或许一周不止一次地想进行这项活动。

存钱罐。有些家庭准备了一个存钱罐，每次有家庭成员被发现或发现自己说某个特定词的时候，就往里面投进一枚硬币。一开始，可以选择“不能”这个词，当这个词几乎可以避免了，就再寻找其他限制性的词。这项活动类似于国际辩论赛的“嗯”计数器，该计数器计算演讲者“嗯”的数量，并依此扣分。

奖励制度。鼓励孩子们设置一个自我对话活动图表，制定一个奖励制度。当图表上的活动都完成了，就给予奖励。尽管喜乐的自我对话最终就是对自己的奖励，但还是有一些人需要额外的奖励来开启这一新习惯。

消除负面的技巧。一些消极词汇可能已经成为习惯，我们需要有一些生动的、可视的事物帮助我们消除他们。在厕所用纸上写下冒犯性的语言，然后把它冲进厕所。或者写在纸条上，然后郑重地用火柴点燃。当纸条燃烧时，说一些肯定的自我对话。一些孩子喜欢在纸条上写下他们想避免的词汇——“现在我摆脱了‘我不能’。”“我不再使用‘他让我做……’了。”“再见，‘你知道’。”——并把它们放进气球里。然后把气球吹起来，升到天上，快乐地说“再见！”

以上活动也可以通过引导意象视觉化，因为潜意识分辨不出真实经历与生动的想象。可视化是这个星球上表现形式的主要工具，应该予以鼓励。用它来看孩子们生活中的奇迹，还有你生活中的奇迹。

第七章

故事和讲故事的力量

——怎样讲孩子最喜欢？

你或许有无限的财富，

黄金成堆，珠宝满堂。

但你绝对没有我富有；

因为我认识讲故事的人。

——辛西娅·佩尔·莫斯

我们的自然天性常常浮于表面等着被释放。激励人心的故事最能让我们感到快乐。它们能打开心扉，开拓视野，更新美好生活的信念，以及帮助树立更高的理想。故事可以很短，像只有一个段落的轶事，但它能认识到人们灵魂深处的真理，激发孩子自然天性的释放。

故事的价值

好的故事能够给人快乐，传递信息，提供他人的见解，帮助解决问题，鼓励我们行动起来，改变态度，引导形成崇高的理想，培养对生活的积极期望。更重要的是，这一切都是用孩子们能够理解和喜欢的语言来完成的。

1. 故事能激发孩子们做最好的自己。比起宇宙法则，我们更易受到英雄和榜样的影响。通过给孩子们分享具有优秀价值观的伟人故事，我们能给予孩子们坚实的价值观。传记和现实榜样的故事说明，人的精神是可以战胜困难的。在英雄神话中，主人公面对的不是生命危险就是对自我价值或情感弱点的挑战。他要面对诱惑，面对艰难险阻。他是会放弃，还是坚持到底，听从内心的声音？

从我儿子五年级起一直到高中，我都在早餐时和上学前给他读这样的故事。有时候在我做午饭时他读给我听。如果时间允许，我们还会在晚饭时读，我做沙拉时，他给我读几页，他洗碗时我给他读。这一分享时刻，我们将永远珍惜。

2. 故事能间接地传达特定的信息，让孩子们自己去发现。例如，如果我想让孩子们知道合作的价值或者理解“有舍才有得”，不能不劳而获时，我喜欢用下面三个故事：

玛西娅·布朗的《石头汤》

还记得士兵们是如何骗得农夫们帮他们准备石头汤吗？因为每个人都贡献了食材，一锅美味的汤就做好了。

本杰明·埃尔金的《世界上最大的声音》

在小王子的生日上，小王子想要听到世界上最大的声音。他觉得最大的声音应该是所有人一起大喊“生日快乐！”但是，当所有人聚集到广场上时，人们都在想：“如果我在大喊，我就听不到世上最大的声音了。”这个想法很快蔓延开来。所以最后没人大喊。

《西非民间故事》

这个故事是我从一个才华横溢的民俗学家——海琳娜·盖斯勒那里听到的。一位村长宣布他要举行一次宴会，他让所有村民带些棕榈酒倒入公用的大桶里。虽然酿酒所用的棕榈树附近有很多，但碰巧当时每家的棕榈酒都所剩不多。由于棕榈酒看起来和水没有区别，每个人都觉得即使自己带的是水而不是酒也不会有人发现。

3. 故事可以随时随地缓解紧张，平复情绪。在教室里、操场上、在车里、在家中，它可以将叛逆消灭在萌芽状态。美洲印第安人的家长为了避免命令孩子而引起不满，他们通过故事的形式说明这种行为的原因。珍妮特·布朗说过："建议的行为对实干者来说是好的结果，对懒惰者来说是不好的结果。"

4. 故事可以激发孩子们的想象力。它们能激发听众超越事物表象，看到事物是如何形成的。

童话故事不仅能吸引想象力，对孩子还有着特殊的价值。它能触动孩子的心灵。正如阿尔穆特·博克穆勒所说："到十岁左右，孩子看到童话画面就能理解，尽管可能从智力上还不能完全理解，他们依靠心灵感知生活的秘密。后来这些图片就变成了理解力。"她又补充道："童话故事中的每个人物都属于我们，一切都不需要解释。当孩子们问道：'那是真的吗？'其实他们建议我们回答'在我们的世界里不是那样的，但在童话故事的王国里那是真的。'我们要记住，年幼的孩子能理解超越第三维度的领域。"

5. 故事能够简单有效地把论点讲透彻。下面是一个简单的例子。

建筑工人

从前有一位专业的建筑工人，他在一家大公司工作了很多年，到了退休的年纪，他的老板要他最后再建一座房子。

老建筑工人接受了这份工作，但是他的心已不在工作上了。他使用了劣质的材料和木材，如果他照平常那样对待他的工作，他会看到很多施工不当的地方，但是他此时没有。

最后房子建成了，他的老板走过来对他说："拿着，这是钥匙，这座房子归你了，这是我送给你的礼物！"这位建筑工人马上就后悔了，后悔当时没有用最好的材料和最好的工人。要是他早知道这座房子是给自己建造的就不会偷工减料了。

6. 故事能让孩子对以后的经历有所准备或能够理解他们的经历。如，去看牙医，家中有弟弟妹妹出生，朋友去世。

7. 故事凝聚大家的共识。它让我们敏感，富有同情心，触动我们深层次的情感。

讲什么故事？什么时候讲？

首先，让我们来听一听美国前教育部长威廉·班尼特最近关于教育的价值的演讲。

我们有大量可以利用的材料，几乎所有的学校都用这些材料来教学生，以塑造良好的品德……

我们想让他们知道什么是诚实吗？那么我们可以教给他们亚伯拉罕·林肯步行三英里去还六分钱，相反，我们还可以教给他们伊索寓言中那个喊狼来了的放羊娃的故事。

我们想让他们知道什么是勇气吗？那么我们可以教给他们圣女贞德，桥边的霍雷休斯（译者注：指代面对艰巨任务挺身而出，勇敢出击的人），哈丽特·塔布曼（译者注：美国废奴主义者，杰出的黑人废奴主义运动家）以及美国地下铁路运动的故事（译者注：19世纪，美国的废奴主义者把黑奴送到自由州、加拿大、墨西哥，以至海外的秘密网络）。

我们想让他们知道什么是善良、同情以及它们的反义词吗？那么我们就应该让他们阅读《圣诞颂歌》和《安妮日记》，然后是《李尔王》。

我们想让他们知道什么是忠于国家吗？那么我们应该让他们知道美国民族英雄内森·黑尔（译者注：美国历史上第一个间谍）、不列颠之战（译者注：二战期间著名空战）以及温泉关之战（译者注：第二次波希战争中的一次著名战役。希腊军队在这个狭小的关隘依托优势地形，抵抗了3天，阻挡了在数量上几十倍于自己的波斯军队）。他们应该知道像埃尔莫·朱姆沃尔特中尉这样的人，他自愿高尚地为国家服务。同时，他们还应该知道像本尼迪克特·阿诺德（译者注：为了奢侈的生活方式而出卖了曾经为之出生入死的独立事业）和约翰·沃克（译者注：美苏冷战时期的著名间谍）这样的反面人物的故事。

我们想让他们知道什么是忠于家人和朋友吗？那么我们要告诉他们奥德修斯的妻子佩涅洛佩和儿子忒勒玛科斯，甚至他的老狗，是如何等他回家等了20年的。

我们想让他们知道什么是尊重法律吗？那么我们应该确

保他们理解为什么苏格拉底告诉朋友克里托，“不，我必须服从雅典的法令。”

我们想让他们知道什么是在逆境中坚持吗？那么我们应该告诉他们关于“当纳聚会”（译者注：前往加利福尼亚的一次长途跋涉之旅，也是惨烈的“死亡之旅”），哥伦布，革命时期的乔治·华盛顿和内战期间林肯的故事。年幼的孩子可以给他们讲《勇敢的小火车头》的故事（译者注：小火车头必须离开梦想之地将玩具送到现实世界，她抛开恐惧，认识到凭着决心和勇气，一切皆有可能）。

我们想让他们认识到虚荣吗？那么我们应该给他们讲国王迈达斯的故事（译者注：点金术的故事）。

我们想让他们知道什么是越轨的野心吗？那么我们就应该让他们读一读麦克白和麦克白夫人的故事。

我们想让他们知道什么是功夫不负有心人吗？那么我们应该让他们知道在基蒂霍克的莱特兄弟（译者注：发明了飞机），以及布克·华盛顿（译者注：非裔美国教育领袖）是如何学习阅读的。

我们想让他们认识到不合理的信奉的危险吗？那么我们就让他们知道《皇帝的新装》以及伽利略的发现。

我们想让他们认识到一个人的行为可以大不相同吗？那么我们应该告诉他们罗莎·帕克斯（译者注：美国黑人民权行动主义者）和脊髓灰质炎疫苗发现者的故事。

我们想让他们尊重别人的权利吗？那么我们应该让他们读《独立宣言》、葛底斯堡演说以及马丁·路德·金写的《来自伯明翰监狱的信》。

我们还可以读一读其他的故事，例如圣经中的故事：路得对拿俄米的忠诚，约瑟夫对他兄弟们的宽恕，乔纳单与大卫的友谊，好撒玛利亚人对陌生人的仁慈，该隐是如何对待亚伯的，以及大卫在面对巨人歌利亚时的聪明和勇气。这些伟大的故事我们都能用来教给我们的孩子良好的品德。为什么？因为它们教授我们普遍认同的道德观念。

● 寓言故事

伊索寓言是很好的故事来源，里面有深刻的真理、智慧和道德。这些故事能把我们逗笑，是因为我们认识到了自身的内在特质。里面的人物刻画简单，从未改变：狐狸总是狡猾的；猫一直在追老鼠；强大的狮子永远是王者。马丁·路德说，除了圣经故事，学生还应该学习伊索寓言。伊索寓言能与我们的心灵交谈，用明确的例子教育我们。

也可以找些其他国家的寓言故事：中国、日本、印度、希腊，或者文艺复兴时期的寓言故事。现代寓言故事家有：刘易斯·卡罗尔、查理·金斯莱、鲁德亚德·吉卜林、肯尼斯·格雷厄姆、碧雅翠丝·波特、汉斯·克里斯蒂安·安徒生和托尔金。

● 神话故事

神话故事之所以能吸引孩子，是因为故事中富有英雄或神话色彩的人物向事物的正常秩序挑战，并创造了奇迹，还因为生命的伟大奥秘经常用神秘的术语来解释。像荷马史诗中的《伊利亚特》和《奥德赛》，吉尔伽美什史诗，北欧神话，还有其他无数故事激发了孩子们的想象力。

● 童话故事

童话故事是教育幼童的最有力的手段之一。童话故事将智慧融入了图画中，用例子培养道德感，正义必定战胜邪恶；王子公主的幸福生活是所有人都要努力实现的理想；迷失在森林里意为我们在这个物质世界里的烦恼；主人公遇到的帮助过他以及阻碍他的人们都是我们在生活中不得不面对的矛盾。美国心理学家布鲁诺·贝特尔海姆说过："童话故事用语言和行为表达的事物进入了孩子的心里。"他对《小红帽》的详细解读十分有趣。其实还有很多我们大多数人不知道的童话故事的解读。我敢说你绝不会猜到《金发姑娘和三只熊》的故事其实是关于兄弟姐妹之间的竞争和寻找身份认同的故事。

不同年龄的孩子对故事的喜好不同

幼童（3～5岁）：这个年龄段的孩子对熟悉的事情比较感兴趣。他们的注意力集中在自己认识的人和物上面，例如：爸爸、妈妈、狗、鸟、小孩子。因此，他们喜欢关于这些人和物的故事和儿歌。

儿童（6～8岁）：这个年龄段的孩子喜欢童话故事、民间故事、寓言、神话和格林童话中的故事。这一时期是想象和虚构的时期。孩子们喜欢假扮成别人。

少年（9～11岁）：这个年龄段的孩子喜欢中国、北欧、凯尔特和德国传奇故事；印度、波斯、埃及和希腊的神话；中国民间传说；希腊和罗马历史。这是英雄、戏剧、探索、冒险的时期。这些孩子渴望大胆的，甚至是危险的行为，因此对这一年龄段孩子观看的电影和书籍的监督非常重要。

青少年（12~17岁）：这个年龄段的孩子喜欢骑士故事、亚瑟王、文艺复兴和中世纪时期的故事、改革时期的故事、中国历史、现代欧美历史。这是一个有着崇高理想的年龄段，也可称为“史诗”时期。这一时期故事的主题特点是“实现”。这一年龄段的孩子喜欢通过勇气寻找动机或理想。

讲故事的价值

故事是声音在大脑中画出的画面，

声音远比文字更精彩。

——埃格尔斯顿

我们听故事比读故事能得到更多的价值和快乐。正如凯瑟琳·维尔纳在下文中所说的那样：

> 有一个人来到了一个非洲部落，在那里人们刚刚开始用电和公用电视机。刚开始的两周，人们停止了一切活动，整天坐在屏幕前看电视。不久他们就对电视失去了兴趣。这个人很不解，问部落中的一个人：为什么电视对他们没有吸引力了。那人回答道：他们不需要电视，因为他们那儿有一个讲故事的人。这个回答让他更困惑了：电视肯定比人知道的故事更多啊？那个人想了想，笑了，“哦，那当然，”他说，“电视是知道很多故事，但是讲故事的人知道我。”

讲故事的人能满足听故事的人的需要，这一点电视或书本是做不到的。以下是给孩子们讲故事的益处：

1. 讲故事的人和孩子直接的目光接触能产生亲密感，进而产生特殊的感情。这种关注的爱能潜在地使孩子和讲故事的人同时受益。

2. 创造一个故事来解决难题或困境比任何书籍或阅读的故事更有效。

3. 讲故事适用于各年龄段的孩子，而绘本故事不适用于各个年龄段的孩子。讲故事时，内容倾向于最小的孩子，目光却与每个孩子接触，这样所有孩子都感到故事是讲给他们的。

4. 讲故事时可以根据对孩子们的观察随时改变或重组故事内容。你可以根据对孩子们的感觉选取故事的一部分，而省略其他部分。

5. 讲故事的人能把故事里的人物讲活。他能让听众感受到一些事物的真实性，而其他方式却做不到这一点。

6. 给孩子们讲一些好的故事能激发和鼓励他们对文学的欣赏。孩子们能够读懂超过他们阅读水平的文学名著中的故事，丰富他们的背景，拓展他们的阅历。

7. 通过讲故事，孩子们的专注时间会更长，记忆力也会更好——尤其是用木偶讲故事时。

8. 听故事让孩子们锻炼了想象力。他们在听的过程中，可以想象故事中的人物、动作和场景——电视是不能给他们提供这样的机会的。

9. 听一个好故事会带来纯粹的喜乐。讲故事是用心灵的语言在讲。

自己创造故事

全世界是个舞台，
男男女女只是演员而已；
他们都有其退场和登场；
人生在世扮演着多种角色。

——莎士比亚，《皆大欢喜》

讲故事的快乐之一是为特别的孩子创作特别的故事。顺便提一下，要经常让你的孩子知道，他们是多么地与众不同，而且每个人都是与众不同的。

1. 把学龄前孩子最重要的经历写成一本故事书。在一个活页本上简单写几句话。（为了便于你日后查找，务必要标明每个经历的日期。）从孩子两岁时开始这项活动，两岁的孩子已经可以自己随意走动并有了一定的词汇量。用孩子能理解的词语。

孩子亲身经历过的故事能让他们回忆起在自己身上都发生过什么事情。回忆能在情感上和智力上帮助你与过去发生的事情握手言和（过去是指昨天或上周）。它们常常发生得太快，当时无法充分消化。对于喜乐的时刻尤其如此，他们回忆地越多，就越能更多地再现当时的情感。

因此，花几分钟时间给孩子讲讲他们去公园、海滩、医院的经历，或者讲讲某位阿姨的来访或遇见新玩伴的故事。孩子们会想一遍遍地听这样的故事，因为这样的故事强调了他们的喜乐、恐惧、疑问和冒险，帮助他们理解，并从这些经历中成长。

2. 写一个原创故事。你在静坐、写日记或开车时可能会有一个想法浮现在你的脑海中。记住这个想法，并把它发展成一个故事。如果你需要，可以让看不见的帮手来帮助你。关于这样的故事，我在后面第十一章第二个课程中（见P220）举了一个例子。作者是辛迪·托马斯，来自亚利桑那州梅萨市的一位年轻女性。

3. 使用强制关联原则来创作一个故事。自己创作这样的故事十分有趣，也可以让大一点的孩子一起来创作，变成团队合作的故事。

（1）首先列出你可能遇到的6～8个人：老师、家长、飞行员、消防员、孩子、教练等。

（2）然后列出任何人都有可能希望达到的6到8个目标。包括两种类型：a. 想拥有的东西，如工作、技能、朋友、自行车；b. 不想要的东西，如疾病、恐惧、习惯。

（3）接下来列出6到8个要达到以上目标会遇到的障碍，如缺钱、缺乏教育、生病、有一个对手。

（4）就克服其中一个障碍，列出6到8个可能的方法，如动力、保持清醒、行动、合作、赢得比赛等。

（5）然后从每个列表中随机选择一个人物、一个目标、一个障碍以及一种克服障碍的方法。最好是闭上你的眼睛，让你的铅笔落在每个列表中的一个内容上。接下来用你的想象力把这四个元素融入到你的故事中。注意你的听众的年龄。

下一个故事中，你可能想在随意选择的其他四个元素之外，把你自己或你的孩子作为额外的人物都编到故事情节中。

在创作故事的诸多想法中，以下六种形式对孩子尤其适用。

1. 以图片为基础的故事。找一张大图片，能让一个小组中的所有人一起看到，围绕这张图片讲一个故事。图片最好是“停止的动作”——一个瞬间的动作。你可以用不止一张图片，让它们有所关联。我给学龄前孩子使用过许多图片，我把这些图片按故事顺序排好，背面粘上一些胶条，好让这些图片能粘到毡板上。对年龄大一些的孩子，可以问他们：图片中的人都在做什么？为什么？这之前、这之后都发生了什么？

2. 集体创作故事。迈克·吉尔伯特是我见过的一个善于“创作故事的人”，他最有效地发展了集体故事。你或许也想试一试。这位“创作故事的人”让大家给出角色，并在黑板上列出几个角色。他鼓励大家想一些不同的角色，不寻常的物体、动物或人。然后，通过集体的共识，他从列表中选择一个角色，并要求小组成员用自己的想象来形容他。在询问了一些关于该角色性格的问题后，这位“创作故事的人”为这一角色用文字绘出了一幅画。

接下来，他又从他的听众那里引出了故事的背景、发生的时间、该角色的目标以及遇到的困难。他还询问了解决这一困难的方法。然后，“创作故事的人”开始了他的故事，并不时停下来问一些问题，例如“他看到了谁？”“陌生人说了什么？”“她想吃什么？”或“他需要什么帮助？”等一系列问题。这样，听众在这个故事中起了很大的作用。

“我在那儿。”这是让孩子们参与讲故事的另一种有趣的方式。它需要你有很大的灵活性。在你讲故事时，孩子可以随时打断你，并说：“我在那里。”此时，孩子可以用第一人称叙述这件事。之后，所有人对这个孩子说：“谢谢你，(孩子的名字)。”然后讲故事的人从孩子结束的地方继续讲下去。

3. 荒诞不经的故事。讲夸张花哨的故事之前，你可以先玩一玩荒诞的故事游戏。首先讲一个简单的故事，按顺时针转，你左边的人要讲一个差不多一样的故事，但要加入一些夸张的成分；下一个人要更加夸张一些；继续讲，直到这个故事完全变了样。

4. 解决问题的故事。选择一个和你们班的孩子们或一个特定的孩子相关的问题或挑战，创作一个故事，把问题隐藏在故事中。在主人公必须做出决定时，停下来，问问孩子们接下来会发生什么。在他们讨论如何解决这一假定的问题时，他们能够领悟到如何找到不同的方法来解决真实的问题。你可以在适当的时候结束故事，或者如果孩子能想到更好的主意，让他们来给故事加上结尾。

5. 木偶剧。当你找不到合适的故事或者你想让孩子们记住某个故事时，你可以自己创作一个木偶剧。老话说得好："左耳进，右耳出，看过才不忘，做过才理解。"

木偶剧对解决问题的故事尤其有效。它们能把不良行为表现出来，并让孩子们见识到这种行为的后果（比如不遵守安全规则的结果）。木偶剧能帮助孩子看到自己的行为，看到胆怯的或过于激进的木偶并不快乐，孩子们或许能够改变自己的行为或反应。

主题越严肃，木偶就越能传达需要传达的信息。目前已经可以提供的木偶脚本的主题有：虐待孩子、兄弟姐妹竞争、缺乏自尊、说谎、嫉妒和理解障碍等。

6. 功成名就。这项活动可以为孩子带来巨大的快乐，可以让他们明白自己生命应有的目标、自己应该做出的贡献与服务。他们可以假装自己的照片刚刚被某流行杂志登载，他们可以仿写一个故事，讲述一下自己如何成名，以及成名背后的一些故事。或者他们也可以将自己的故事以采访的形式写出来，采访的记者可以虚构成某位著名记者。

学习讲故事

虽然讲故事之前需要精心准备，但这是值得的。你要确保选择的故事中有你真正想要传授的信息。

你要对故事中的各部分了如指掌：开头、情节、高潮、结尾。

给这四部分做一个简单的大纲：

1. 开头——激起好奇心，并介绍人物、背景以及地点。

2. 情节——向高潮发展的事件的顺序。有人说，每个故事情节都能被归纳为几个词：有人想……但是……因此……。

（例如，三只雄山羊想过桥，但是……因此……）

3. 高潮——兴趣的最高点，通常揭露了真相。

4. 结尾——快速地、令人满意地结束一切。

让你的人物形象化。即使你不想描述他们，也要知道他们长什么样。你要能够在不同的场景中看到他们。

不要尝试去背诵故事。要把故事画面和发生顺序印在你的大脑里。

确定你学习故事的最好的方式。你是视觉、听觉、触觉还是动觉学习者?

如果你是视觉型学习者，你就要决定是文字还是图片对你更有效。如果是文字，把故事复印下来，随身携带，在空闲时多读几遍。如果是图片，找到故事的图画版本或在打印纸上画一幅漫画。你也可以坐下来在脑海中看一场带有完整细节的电影。

如果你是听觉型学习者，可以制作一盘故事磁带。很多图书馆都有故事磁带和故事唱片。当你读故事时，大声读出来。就像视觉学习者一样，在大脑中看一场电影，但你要把大部分的注意力放在电影的配乐和对话上。

如果你是动觉型学习者，用你自己的话把故事打出来或写下来。你可能会喜欢扮演故事中的各种角色，包括道具。道具也是必需的，这样会在大脑中留下清晰的印象，不至于在讲故事时忘记，你见过不拿篮子的“小红帽”吗?

尽可能多地给自己讲故事，给愿意听的人讲故事，给录音机讲故事。在给特定的听众讲故事时，想想要加入什么细节能使故事更有意义。

把快乐带进故事的准备阶段，带进讲故事的过程中，这样孩子们就能感到你的快乐。

特别提示

首先，也是最重要的一点，确保你喜欢故事。记住，孩子们能感觉到你的情感，如果你说的是一回事，传达出的感觉是另一回事，那么他们就会很困惑。

选择一个在15分钟内或更短的时间内能讲完的故事。孩子们的专注时间大致和他们的年龄相同。

规划故事时，要规划适当的讨论问题。

即使是给快上学的孩子讲故事，也不要用太过正式的声音。孩子们讨厌单调的语气，因此我们要采用多变的声音，但要避免“嗲声”。

开始讲故事前，先让孩子们了解故事中的场景。

讲故事时，要带上动作、活力、热情和诚意。让所有人物在你的大脑中都活起来。

为故事添加音效——发挥你的想象力，或向年龄稍大一点的孩子征求建议。

让故事自己传达意义。不要最后为故事加上寓意，也不要说“这就是这个故事的意义。”让孩子自己去理解。关于故事的意义，相信孩子们想到的比你能告诉他们的更多。你可以先给孩子两到三分钟想想这个故事，看看他们能发现故事中有什么意义，然后让他们写出故事的寓意或更大的意义。如果你让孩子们分享他们的观点，他们会听到对同一个故事的许多不同理解。

让年幼的孩子们参与进来。他们可以说几句台词或跟着讲故事的人做几个动作。让他们重复一些音效，做几个手势，重复几个单词，或者如果故事中有歌曲的话，让他们唱支歌。就连大孩子也喜欢模仿童话剧里的语言和动作。

给年幼的孩子多次重复同一个故事。他们喜欢你这样做，能将寓意印在他们的脑海中。对年龄大点的孩子就没有必要这样做了。也不推荐给年龄大点的孩子使用音效和给故事人物戏剧性地配音，除非你在这方面很有才华。

使用木偶讲故事。木偶讲故事很有趣，可以让你的故事留下深刻的印象。你可以让木偶帮你讲故事，或者你可以把故事改编成由两三个手偶表演的小品。你还可以让木偶帮你介绍你的故事，并描述故事背景。讲故事期间，木偶可以适时地提出问题、发表意见，或引导小组讨论下一个故事。

回顾你的故事以留下持久的印象。在一个故事讲完一周之后，找一个孩子，复述这个故事。或者你再讲一遍，但是故意出几次错，来测试孩子们听得如何。孩子们也可以自己或用木偶表演这个故事。这样他们能够体验到故事中蕴含的道德观念。他们或许喜欢用这个故事创作一组壁画或漫画，甚至将其写成电视节目或新闻报道。

在你读完本章后，肯定会有一些有意思的故事浮现在你的脑海中。记录下来，与你的孩子分享，并把你最喜欢的想要讲给大家听的故事和孩子一起表演出来。

第八章

类比法教育技巧

——将抽象的原则直观化

所有真正智慧的思想，都是千百次思考的产物。

但要使之成为我们自己的思想，

我们必须诚实地思索一遍又一遍，

直到它在我们的个人体验中生根为止。

——歌德

大家对于直观类比这种方法并不陌生，就是用熟悉的物件描述陌生事物的一种方法，通常用于描述一些抽象的原则。这样就可以用一些容易理解的物体指代许多难以理解的理论。

接下来，用直观类比的方法向大家交代生活中的一些宇宙法则和重要概念。这些例子，旨在引发大家的思考，希望大家能够在此基础上加以扩展，加以创新，并使之变得恰当而完善。有些类比也许对于孩子们来说过于抽象，因此你需要确定什么比喻适合你的孩子。

类比法练习

我尽可能使用一些日常用品作类比，因为片刻的闲暇和吃饭的间隙都是教会孩子运用全新视角看待世界的绝佳机会。手边的事物更能时刻提醒他们，也提醒我们自己生活中的一些原则。

1. 如果你想提醒孩子恐惧是一切负面情感的根源，那么你可以将“恐惧”这个词写到一张卡片上，然后将卡片贴到一个小盒子的底部。你和孩子一起将引起愤怒和烦恼的事情写到另外的纸上，然后将这些纸揉成团，丢进这个盒子。经过一周的时间，越来越多的包含愤怒和烦恼的因素被丢入盒子——当然是比喻意义上的。这个盒子就会清楚地提醒我们：处于这些负面情绪下面的因素正是“恐惧”。

2. 爱被称为万能的溶剂，可以化解所有的麻烦。这个类比很简单，可以用一个玻璃杯或者白色的碗，里面装上粉红色的液体（可以用红色的食用色素）。爱可以化解恐惧、烦闷、恼怒，或者对于未来的忧虑。这些负面情绪因素可以用盐或者其他易溶解的物质代替，把它们置于爱的溶液之中，让孩子见证它们的溶解。

3. 爱也可以被恰如其分地称作是将整个时间粘在一起的黏合剂。仔细想想，这与上面的例子并不矛盾。给每个孩子找个胶棒或者胶水瓶，在每个胶棒或者胶水瓶上粘上写有“爱”字的便利贴。向孩子解释，有爱的地方，就有凝聚力，即粘合力。当我们心中无爱时，就会感到与他人之间是孤立无依的。可以根据孩子的不同年龄，设置不同的游戏。比如，可以用一张大纸代表孩子，再找一些五颜六色的纸，在上面标注出孩子喜爱的人物、活动、事物、食品、动物以及地方等等，让孩子将这些代表自己喜爱物件的材质粘贴到大纸上面。

另外，还可以用便利贴来代表爱。便利贴背面的胶状物可以用来说明“爱是有粘性的”。可以让孩子分别拿一张普通的白纸和一张背面可以黏贴的便利贴纸，往墙面上粘贴。普通的白纸无法黏贴到墙面上，这代表着一种抵抗。代表爱的便笺纸可以牢固地粘到墙面上，这说明爱是可以消解抵抗的。当我们内心充满爱的时候，会做出许多对我们自身有益的事情。

4. 我们的大脑可以吸收它所触及到的思想和观点。取一块吸水性良好的海绵，将其切割成不标准的椭圆形，用于指代人的大脑。把这个“大脑”放到一张大的彩纸上，让孩子为其画出头和双肩。取一杯清水、一杯浑浊的污水。告诉孩子两者分别代表纯净而富含温情的思想和消极可怕的负面思想。在孩子的生活中择取一些这两方面的思想，比如学校、电视、朋友、家人等方面的均可。鼓励孩子讲述自己的例子，并且将代表这些思想的水洒到海绵之中。帮助孩子意识到他可以自己选择让哪一种思想进入自己的大脑。

5.“若你执信一物，凡事皆能。”在下了购买邮购目录上某件物品的订单之后，给孩子讲清楚邮购系统是如何运作的。你甚至可以让孩子自己下个订单。告诉孩子当我们在通过邮购系统下订单的时候，我们其实已经在内心里拥有了这件物品，即我们相信拥有了它。这种想法是非常重要的，这就是我们生活中创造性法则的作用原理：“因为我相信它的存在，我就可以见到它。”

6. 我们可以通过许多方式来向孩子类比说明因果法则，也就是回力标法则。重要的是，要告诉孩子们，他们生活的这个世界是绝对公平的，因此不用害怕别人的报复。如果找不到回力标作道具，我们可以用抖空竹来代替。抖空竹价格便宜，可以多买几个让孩子做试验。对于年龄稍大的孩子，可以用溜溜球或橡皮筋套住物体，或者套在手腕上。

7. 人类是彼此联系在一起的。给孩子一个沾满碎毛发的梳子或者扫帚。告诉他梳子或者扫帚的底部就如同人们同一的心灵。所有的毛发都吸附在梳子上面，我们人类也都归属于同一的心灵。每个人是这同一心灵的具体表现形式。要记住心灵与大脑不是一回事儿。若想解释清楚这一点 ，还可以在纸上画出一个圆圈，然后在里面随意画上一些圆点。这个圆圈就代表同一的心灵、同一种意识，而那些圆点就是它的表现形式。

8. 手掌无疑是我们进行直观类比活动最为方便的工具，它可以用来说明许多道理。手指可以用于代表个人或者人群。我们的手指是孤岛，而非群岛。只有当手指联合起来，回到手掌的牵引之中，它们才能更好地融为一体。

9. 对于年龄大一点的孩子或者我们自己，都可以做个试验来说明，我们正在创造自己的未来。建设未来，我们需要投入自己的想法、情感、行动以及对于现状所怀有的信念。不妨买一些冰糕棍或者压舌板，分别将字母T（想法）、F（情感）、A（行动）、B（信念）标示在上面。让孩子用这些带有字母的冰糕棍或者压舌板来搭建一座建筑，这座建筑的名字叫未来。可以搭建一座小木屋、一座塔，甚至宇宙飞船都可以。如有需要，可以为他/她提供一定的帮助。搭建完毕之后，可以给孩子指出上面的字母分别表示什么意思。告诉孩子他/她现在就已经在运用这些材料搭建自己的未来了。

10. 坚强乐观的人生态度可以克服生活之中的许多困难。用一个新鲜的土豆代表生活中遇到的挑战或障碍，用一根吸管代表“我能信"的人生态度。意志力是促使吸管刺穿土豆的那一股冲劲。成功地刺破土豆也许需要两到三次的尝试，但是并不是做不到的，这个过程也是满含乐趣的。

11. 使用光作为类比，常常有助于我们认清自己。我们都是光（内在的自我），而这种光往往被灯罩（外在的个性）所覆盖。在与别人交往的时候，我们可以选择专注于对方的光，也可以专注于对方的灯罩。由于我们关注力量的扩张，我们希望在对方身上寻找光，或者品质，而忽略掉他们身上一些人性的弱点。我们在自己身上亦是如此。这就产生了原谅。

12. 我们可以找一些瓦数不同的灯泡。告诉孩子，流经台灯的电流可以是无限大的。我们可以在台灯上面安装一个瓦数较小的灯泡，那样我们得到比较微弱的光线；我们也可以换成瓦数大一些的灯泡，我们可以得到比较强烈的光线。灯泡代表我们内心的渴望。我们对于光的渴望越是强烈，清除阻碍光线的消极因素和不公正因素的意愿越是强烈，我们得到的光就越是明亮。我们内心的渴望程度决定了我们获得光线的强烈程度。

13. "我们的注意力去哪，能量就流到哪。"上面提到的电灯正说明了这一点，缰绳也是如此。我们的注意力好比是一根缰绳，可以将我们看到的物体牵引过来。这个缰绳将我们和我们关注的东西连接起来。你可以自己制作一根小一些的缰绳来演示这个过程，当然也可以找几张放牛娃用缰绳牵牛的图片。你也可以参考后面第十一章课程2中的"吸引我关注的东西也在吸引着我"的游戏（见P216）。

14. 天平有助于建立自我对话的意识，可以用来解释自我肯定。如果找不到天平，可以临时在桌面上搭建一个简易的跷跷板。我用豌豆代表思想的种子，将积极的思想放在天平的一侧托盘里，消极思想放在另一侧。让孩子回忆前两天里的消极想法或感觉。将天平的一侧放上一颗豌豆。告诉孩子，通常需要10个积极的想法才能消除掉一个消极的想法。帮助孩子想出10个自言自语的肯定叙述，来消除天平另一端的消极想法。在做这件事的时候，她可以将豆子一个个地放到天平的托盘里，观察天平的倾斜变化。如果有几个孩子，他们可以帮着想出一些支持性的肯定说法。告诉他们这并非是由话语而是由情感所制造的。

15. 和孩子一起观察一把锤子，并且讨论，锤子不仅可以用于制作东西，还可以用于拆除东西。告诉孩子，其实我们的思想与情感也是如此。你可以举火柴的例子，它所产生的大火不仅能够烧毁东西，如果运用得当的话，也可以为我们服务。我们身体里的能量亦是如此，如果体内的能量得不到合理的疏导，对于我们的身体健康、人际关系的维护以及新的观点产生、新项目的建设都可能造成损害。

16. 真正的自我是清晰完美的，好比一颗熠熠生辉的钻石。但是，在它的外面却覆盖一层虚幻的光环，这层虚幻的光环却是不真实的自我，它好比万圣节晚上孩子们头上佩戴的假面具。洋葱外面的层次就可以用来代表那“虚幻的自我”。把洋葱一层一层地剥开，被剥下的代表那些缺少价值与自爱、满腹恐惧与愧疚、狭隘的看法。当剥到洋葱最里面那一层的时候，就出现了“真正的自我”。洋葱的内核就相当于我们那拥有全然自由的、无拘无束的、不受任何外物制约的更高层次的自我。这个自我总能感受到没有任何附加条件的爱，并且这个自我明白自己是强大的。还可以用珍珠和贝壳来说明这个问题。珍珠象征真正的自我，它是那样的纯洁、美好。贝壳代表我们的身体和个性，它掩盖了真实的自我。正是那厚厚的外壳遮住了内在的光芒，但是我们依然可以走入内心去发现这份光芒。一颗探寻的心和安静能够让我们在别人或者自己身上找到那个真我。释放天性也能帮助我们探寻真我，而且它不仅是手段，也是结果。

17. 贝壳与珍珠的比喻还可以让我们学会如何化解愤怒。沙粒进入贝壳，开始刺激牡蛎。但当它无法将沙粒摆脱掉的时候，就会将沙粒变成一颗价值连城的珍珠。我们可以用发怒时消耗的能量去做一些有价值的事情——比如发明创造，或者帮助别人。

18. 向孩子解释习惯的力量其实是很有意思的一件事儿。很多东西都可以用来说明这个道理，比如绳子、细线或者毛线等等。使用时可以根据孩子的个头高矮、力气大小作相应的调整。孩子们可以扯断一两根线，甚至更多根细线。但是随着数目的增多，扯断它们变得越来越难。这个案例可以用于向孩子解释如何养成一些好习惯，以及如何戒掉坏习惯。可以讨论一下孩子现在正在形成什么样的习惯。

19. “生气就是用别人的错误来惩罚自己。”我常常提醒自己，生气就如同手持刀刃耍大刀。大一些的孩子可以想象出这个场景。可以问一问孩子：“如果你手持刀刃、挥舞着大刀去打一个人的话，你认为谁更容易受伤？”有个比喻虽然不太形象，但也还算恰当，就是将一个人的血液比喻为鸡蛋的蛋白，而煎锅里的热量好比愤怒。只需要很少的一点热量就可以使一个生鸡蛋凝固，同样，愤怒也很容易使人变得热血沸腾。有个形容人们生气的说法就是，“他急得都快冒烟了”，很形象地描述了一个人在生气时，身体内血液的变化状态。血液温度的升高会对血细胞造成损害，降低记忆力，还可以损害一个人的健康。科学家已经指出，一个人在愤怒时所爆发出来的电波能量，足以让两节电池的手电持续工作三个月。

20. 我有个朋友，她将两半丑陋的紫晶石合在一起，拿给她的高中生看，告诉他们这丑陋的晶石就是他们。她评论了这块石头有多么地丑陋，学生们都不愿意把自己比作这么丑陋的石头。随后，她把两片石头分离开来，露出了里面璀璨的水晶。她说，这象征着他们内在的修为，他们真正的自我，而这内在的自我是被覆盖起来的。她告诉学生们，不要过于在意他们的缺点和不足，要注重内在的、光芒四射的真我。

21. 有许多例子可以帮助孩子们正确理解死亡。死亡只是人生道路上的一道门而已，死亡并不是一堵墙或者一条死胡同。人作为一种能量存在，而能量是不死不灭的。在餐桌上，你可以将玻璃杯里撒上一些盐或者糖。它们会融于水中，但是并没有消失，只是转变了一种存在的形式。

你还可以找个小风扇，让孩子们观察风扇的扇叶。在风扇一动不动的时候，风扇的扇叶清晰可见；可是当风扇快速转动起来的时候，扇叶就变得模糊不清，就像消失了一样。其实，生活中有许多东西在高速运转的时候就会变得不易分辨。

气球的例子往往可以用于解释生命的消失与延续。生命，就如同气球内部的空气，使得气球体积变大，并形成各种各样的形状，成为气球的重要组成部分。但是，气球一旦破裂，球体内部的空气就会喷出来与外界的大气融为一体，球体内部的空气并不会消失。这与生命的历程十分相似，一个人终了之时，身体消亡，精神尚存。

生命的终结好比洋葱外层或者玉米皮的脱落，而洋葱的内层或者玉米棒则如同我们的灵魂。我们的身体是用于包裹我们的灵魂的，这就和手套只是用来包裹我们的手掌是一个道理。

22. 如果孩子可以按照自己的意识做事情，且不必感到任何愧疚，那会给孩子带来多大的快乐啊。我们的许多欢乐都被愧疚感夺走了。 找一辆大小约15×23厘米的玩具车，最好自带挡风玻璃。如果没有，可以用玻璃板临时制作一个。

这个类比例子的主要组成部分列举如下：

汽车=身体

司机=你，人

挡风玻璃=看和理解

挡风玻璃的清洁程度=看与理解的清晰程度

挡风玻璃上面的刮痕（或者干了的擦痕）=泥

培养自尊心的类比例子是这样的：

司机到底是不是汽车的一个组成部分呢？不是的，司机只是用来驾驶汽车的。

司机是由汽车来掌控的吗？不是的，司机是开车的，而不是车辆操控司机。

司机很显然也不是挡风玻璃，但是挡风玻璃是否干净影响他的驾驶。

因此，你也是如此。你操控着你的大脑，你的大脑控制着你的身体，这就好比司机不等同于汽车，司机也不是由汽车来掌控的。挡风玻璃是否干净影响司机驾驶车辆，而你的视力与理解力的清晰程度则决定着你对于自己身体和生活的驾驭程度。

因为你的意识，即你的视力与理解力的清晰度，是你行动的基础，所以所有的错误是意识方面的，而非你这个人的错。为了更好地理解这一点，让我们返回上面的例子。

现在给你一分钟，想象一下你正在开车，突然一大块泥巴喷溅在了挡风玻璃上，你由于看不清驾驶方向，车撞到了树上。现在，问题到底出在了哪里呢？问题在于泥巴遮住了挡风玻璃的视线，你看不到前进的道路。你有没有错误呢？唯一的问题就是你的车玻璃太脏了。

这个比喻还可以用在孩子们认为他们本来不应该做的事情上。他们明白错误不在他们，而在于他们的意识。他们是可以改变他们的意识的。

随时设计类比法训练

以上类比法练习旨在激发你这一方面的思维。你可以开发出自己的类比法案例来满足自己以及自己孩子的需求。这种教育方法对于拓展孩子的思维意识非常不错，一定会给孩子留下难忘的印象。下面给大家介绍一下我常常使用的收集类比法练习的方法。

1. 读书的时候，我会将我感兴趣的和能够用日常物品作类比的案例记录下来。

2. 在阅读时，我一旦发现自己认为重要的原则，就会想办法用日常的物品把它演示出来。

我收集直观类比案例的时候，会用到鞋盒子，每当我记录下一个案例，我会将它随手放进鞋盒子里，一段时间以后才会去整理它们。说到鞋盒子，我往往会在鞋盒子上面系上一根橡皮筋。你可以看一下，一根橡皮筋如果总是处于紧绷状态的话，老化速度是多么地快。如果让橡皮筋保持自然状态，它的寿命会很长。因此，这就提醒我们，一定要学会让自己放松，每天至少一次，让自己回归内心平和与喜乐的状态。

向孩子做直观类比案例展示之前，一定要先自己彩排一下。有些事情，纸上谈兵是异常容易的，但是实际做起来往往不能奏效。

请注意：

书中还有很多直观类比的案例，请将其中你认为特别有用的写在下面。

页数	类比	用到的道具

第九章

潜能开发训练活动

——孩子天生的创造力和想象力像肌肉一样要常练习

在人生的神秘相遇之时，

有人告诉我们到底是谁，

我们有多大的能力，

我们最大的潜力就此点燃。

——拉斯蒂·帕卡斯《生命是一份礼物》

为了最大程度地开发孩子的潜能，给他们带来最大的快乐，我们需要让孩子们创造力的火花变为熊熊燃烧的火焰。尽管每个孩子天生就具备创造能力，但是他们的这种创造力往往在早期就被扼杀了。社会对待富有创造力的年轻人非常残暴，它扼杀了那些能够使年轻人成长得更加自立、更具有创造性、更加快乐的能力。

什么是创造力?

创新能力是发明、制造一些新鲜事物的能力和意愿。创新能力并非一种单一的品质，它是一组相互关联能力的总称。由于这些能力通常被人们放在一起使用，因此它们都被统称为创新能力。

创造力也是一种思维方式，是一系列的态度。如果想要开发我们的创造性思维，我们需要开发我们的这些态度。总之，我们的创造力与其说是能力倒不如说是一种态度。

开发创造力，最为重要的一种态度就是承认宇宙精神是一切创造力的源泉。我们每一个人在不同的程度上都在挖掘着或者遵循着这个源泉。许多人都在研究如何开发人类的创造力。遵循宇宙法则、丢掉自傲的态度都会有所帮助。创造性思维训练以及思维拓展活动是开发创造力的工具，它们有助于开阔我们的思想意识，探索新的可能性。

小孩子天生具备创造力，因为他们更加靠近无限性。通常情况下，在孩子四年级前，我们一般不会强迫他们听话，不强迫他们成长或者面对现实。从四年级开始，他们的想象力开始下降。人们通常会从诸多方面对孩子的创造性想象力进行干涉，多少年后即尝到了阻碍孩子创造力发展所带来的一系列后果。

因此，我们要在孩子周围设置一个培育其创造力的环境，来提高孩子的想象力和创造力，这样就可以阻止孩子创造性想象力的下降。大自然中万物都有着自己理想的生长环境，想象力的生长同样需要理想的环境。

为创造力营造氛围

什么样的氛围可以增强孩子的创造力？

1. 营造一个有心理安全感的氛围。这就意味着，首先必须无条件地接受孩子原本的价值。其次，它还意味着去掉外在的评价机制。

无论孩子本身，还是孩子的所作所为都不能再用外在的标准去评判。派坦特说："如果我们以结果来作判断标准，那么不管它的产品或者表现方式多么优美，我们只会限制而不是鼓励其自由表现。"即使是表扬都会威胁自由表达。

2. 营造一个培育心理自由的氛围。孩子自由思考，自由感知，保持自己内心最理想的状态。孩子的行为也许需要限制，但万万不可限制孩子的符号性表达。

3. 营造一个家长努力强化孩子创造力的环境。家长增强孩子创造力的任何细腻的、坦诚的、独特的努力都是值得提倡的、可以接受的、值得尊重的。在一个有利于培养创造力的环境里，家长和孩子都非常注重事物的独特性，而不是一致性，重视不同性，而非相似性。经常可以听到这样的评论：

我喜欢不一样的观点。

用不同的方法进行尝试是很有意思的。

如果让我来做，我会做的和你的不一样。

如果你继续尝试的话，你一定能行。

没有不犯错的人。

你能指出来太好了。

4. 营造一个没有刻薄评论的氛围。下面是一些伤害别人自尊心和勇气的话语，而自尊心和勇气是培养创造力的重要元素。

那样做是不对的。

你到底是怎么想到这么愚蠢的点子的？

有人听说过那样做吗？

你做什么事情能做好？

别问些这么愚蠢的问题。

你这个想法真是太奇怪了。

5. 营造一个让孩子感受到家长积极期待的氛围。韦恩·代尔指出，如果我们对孩子说“你们是普通人或者一般人，你们身体里并没有天才的血液”之类的话语，会影响孩子创造力的发展。

6. 营造一个能够让孩子的输入与输出时间达到平衡的环境。输入与输出必须大致平衡，无论是主动的输出还是被动的吸收，这两种状态对于培养创造能力至关重要。如果孩子在学校里主要是吸收知识的话，那么当他们回到家中，他们必须有一个自由表达的输出氛围。他们放学后的时光不能被看电视、做作业或者组织好的运动来充斥，因为那样的话，他们就没有时间进行真正的输出，即源自于内心，能够允许孩子真正地发表心声的那种输出。这种输出可以是采用艺术创作、做手工、玩木偶、做游戏、编演戏剧或者写作等多种形式，在此无法一一列举。

7. 营造一个可以让孩子暂时闲下来的氛围。应该有一些“什么也不用做”的时间，可以把一些日常的活动向后推迟一下，让孩子可以静静地面对自己内心的想法或者内心的情感。安静的时光可以过得非同寻常，比如可以是漫无目的地想象，可以是狂野猛烈地瞎想，也可以是安静悠远地反思，当然也可以是专注的思考或者是哲学的冥思。这样做的目的就是给孩子一些时间，让他们可以面对自己的内心，让他们超越自己的意识而寻找其他意识层面的丰富想法。这是帮助孩子开发他们创造力最为直接的方法。

8. 营造一个鼓励孩子尝试冒险，而不是安于现状、墨守成规的氛围。冒险可能意味着要去违背传统、挑战权威。适当的时候，可以尝试一些新鲜的事物，正如代尔所言："……如果想要增强孩子的创造力，不要引导孩子在羊群中再做一只羊，咩咩地吟唱着别人指挥的曲子。"

9. 营造一个有利于培养孩子自尊心的氛围。一个无法从内心里感受到自身价值的孩子是很难做出一些冒险行动的。"想要具备创造力，是需要一点勇气的。只要你有一点新的想法，你就变成了少数人。"这种自信心的培养是以尊严为根基的。具有强烈自尊心的孩子，能够勇敢地站出来捍卫自己的想法和观点。自卑的孩子可能会为了得到别人的认可而放弃自己的立场。

10. 营造一个可以锻炼孩子敏锐感知力的氛围。孩子可以感知到别人在看什么、听什么、触摸什么、品尝什么、嗅什么。眼睛不仅仅是用来看东西的，更重要的是学会用眼睛观察这个世界；耳朵不仅仅是用来聆听的，更重要的是学会用耳朵倾听这个世界；双手不仅仅是用来触摸的，更重要的是学会用触感来感知这个世界。敏锐的感知能力是创造力的基础——它可以帮助我们将生活的片段通过创新能力重新组合成丰富多彩的世界。

11. 营造一个家长理解创造力并懂得创新过程的氛围。如前所述，创造力代表着一系列相关的能力——比如流畅性、灵活性、原创性、严密性等等。家长对于这些能力了解得越多，越是明白如何鼓励孩子养成这些能力。对于创新过程的了解可以引导孩子的创新行为。多读一些这方面的书籍可以让这种思想浸润家长的意识，在某些重要的时刻可以让家长对孩子的创新行为少一些制约。

12. 营造一个鼓励孩子好奇心和求知欲的氛围。在这样的环境中，孩子可以陶醉于自己天马行空的幻想之中。有人发现，许多创新能力较差的成年人，在小时候就被父母剥夺了天马行空地想象的权力。保持鲜活美好的想象是非常重要的，因为任何真正的创新性活动都肇始于想象力。“理性可以回答问题，但是若想问出好问题，必须有想象力来帮忙。”

激发想象力练习

创造性地运用知识对于创造性的生产活动来说，

是至关重要的。

——西德尼 · J. 帕勒斯

什么是想象力？它为什么是创造力的重要属性？想象力指的是在五官感受不到的情况之下，形成画面的一种能力。这是直觉的一种功能。我们的想象力包括四个部分或者说是四个方面：

创造性想象力，即能够形成观点的一种能力，它就如同使用某种东西的不同方式；

视觉想象力，即在头脑之中形成画面的能力；

预见性想象力，即让我们向前看，提前做出规划的一种能力；

感同身受的想象力，即设身处地换位思考的一种能力。

正是想象力培养了我们爱的能力。我们陷入爱河容易，但是爱的延续则是一个需要想象力的行为。在所爱的人身上见到的美好，连同他们的潜力和可能性共同构筑了爱的成长。

下面是一些激发想象力的建议，教师和家长把它们教给孩子，构筑孩子天性释放的想象工程。

1. 将一件物品放到一个纸袋里，给孩子提供一些识别该物品的方法。

让孩子把自己想象成一个小矮人，自己顺着一根绳子爬上袋子顶部通过口袋的口爬进去。

让孩子想象自己有双包含X射线功能的眼睛（就像超人那样），这样孩子就可以透过纸袋看到物品。

让孩子把手轻轻地放在袋子上，说出物品的特征（如：尺寸、重量、颜色、形状）。说出物体的名字并不重要。

2. 向孩子展示一罐樱桃或者一罐豌豆，以及一瓶花生酱。让孩子把自己想象成一个小矮人，钻到容器里面。想象自己在里面玩耍并且和大家分享自己的感受。

3. 在孩子面前摆放一株植物，让孩子把自己想象成特别小的小矮人，小到可以钻到植物里面去。让孩子想象他们会用什么样的方法从哪个部位钻进植物体内。让孩子描述一下在他们穿越植物的时候见到的景象。邀请孩子和大家分享一下他的观察和感受。

4. 选择一个过去的场景，让孩子想象一下自己生活在其中的感受。比如，可以让孩子把自己想象成一个正在河边玩耍或者穿越丛林的印第安小孩。鼓励孩子成为那个人物，而不仅仅是一个观察者。让孩子仔细观察场景中人物的穿着打扮，一举一动以及所思所想。在这个练习中，人的大脑会从过去的数据里择取信息，因此，当孩子说自己曾经“真的”是一名印度人的时候，你也不用大惊小怪，这或许是这个经历触发了他过去的某种生活体验。

5. 玩一个名为“跟着西蒙说的做”的心理游戏。因为在我们的想象之中，没有什么事情是做不到的，所以可以让孩子把自己想象成各种各样的事物。"变成一只雄鹰，变成一只鸭子，变成一只海豚，变成一只长颈鹿，变成一只蚊子，变成一头鲸鱼，变成一只蟋蟀，变成一只蚂蚁，变成一只兔子，变成一只在碗里游动的金鱼，变成一个恐怖的东西，变成一种美好的东西，变成一种软绵绵毛茸茸的东西，变回你自己，变成你爸爸，变成你妈妈，变成你的老师，变成其他的东西，变回你自己……变成一个谁都没见过的东西，你变成了什么？"

6. 奇怪的比较。比较往往有助于孩子用全新的方式看待这个世界。下面一些例子，答案没有对与错，我们只是将我们熟悉的事物重新组合来找到一个新的观察视角而已。

哪一个占据的空间更多——泡菜还是疼痛？

哪一个更苗条一些——白天还是黑夜？

哪一个更重一些——0还是1？

哪一个速度更快——黄色还是黑色？

哪一个更重一些——高山还是海洋？

哪一个更有趣一点——3还是4？

什么颜色是一个惊喜？

什么更清脆一些——冬天还是芹菜？

哪个更重一些——咳嗽还是流鼻涕？

还有一些其他的例子。比如：

日历本如同一面镜子，这是因为__________。

三明治就像是__________。

牙医的钻头好比是__________。

肥皂泡如同__________。

电视台像哪一种动物？__________

还有一些比较训练，可以收集一些物件，让孩子们说出它们可以代表什么东西。

7. 为卡通画配文字，或者为文字配卡通图。这个游戏对于年龄稍大的孩子来说，充满着无穷的乐趣。我将卡通上面所配的文字剪下来，将图画复印到白纸上，每张白纸上面有两到三幅图。有时候，我和孩子们会吃惊地看到，通常他们自己搭配的文字往往比原来的文字还要有趣。反过来，给文字配图片也是很有意思的。从卡通画册上剪下几段文字，让孩子们为文字配上图画。

8. 通过附加特征对物件进行改造。年龄大一点的孩子会发现这个游戏很好玩。找一个篮子或者盒子，把分别写有不同物件名称的小纸条放进去。环顾一下屋子，将你看到的东西写下来——电话，钢笔，水杯，蜡烛，链子，桌子，扇子，篮子，油画，花，电视，鞋子，手表等等。篮子依次传下去，每个人从中抽取两个纸条。孩子们需要把一个物品的特征加到另外一个物品上面，对物品进行改造。可以添加的特征包括以下几个方面：尺寸、形状、颜色、重量、功能、香气、声音等等。

9. 画图比赛。在纸上随意画出一个形状，一条曲线，或者一个几何图形，让孩子用自己的想象力在此基础上作出一张画或者一份设计图等等。还可以看一看，在一个三角形、一个圆圈或者两条平行的直线基础上，孩子们可以画出多少种事物。或者将一张残破的图纸放在孩子的画纸中间，让孩子在这个基础上画出一个虚构的人物。

10. 观察别人。还可以从远处和孩子一起观察一个人，猜猜他此时此刻的所思所想。可以通过这个人的面部表情、手势以及姿态作出判断。这种训练也可以用来观察照片或者猜测不熟悉的电视剧剧情，记得猜测的时候将声音关掉。

11.“假设”游戏。如果不大可能发生的事情一旦发生，你会怎么办呢？让孩子运用自己的想象力想出由此产生的一切可能的结果。这又会造成什么样的影响呢？如果人们从蛋壳里面孵化出来，一出生便是成人高度，随着年龄的增长，个子却日渐萎缩，直到长成婴儿般大小去世，那么会怎样呢？

如果你去森林里进行长距离旅行，等你回来的时候，你发现家人都不认识你了，把你看成是陌生人，那么你会怎样呢？

如果有人赐予你一份魔力，可以让你所有的愿望都能实现，但是每当你实现一个愿望，你的手指甲都会增长一英寸。可是如果你剪去一点点指甲的话，你的这份魔力就会消失。那么，你会怎样呢？

如果有一天你一睁开眼睛，整个世界都变成了粉色，那么你会怎样呢？

12. 木偶剧脚本。用木偶剧拓展想象力。

拓展想象力练习

想象力就如同肌肉，需要经常锻炼。下面是一个手风琴式的木偶剧内容，根据孩子的不同年龄以及注意力持续时间，它可以缩短，也可以延长。

人　物：埃尔默（任何比较有名的木偶都可以，但是最好找一个嘴巴可以活动的，因为这人物讲的话比较多），萨沙（手臂可活

动的玩偶）

道　具： 一块许愿石（周围带有白色条纹的石块），一块中等大小的海绵，一块形状漂亮的浮木（如果找不到浮木的话，可以在一张纸上用油漆点个点，然后把纸对折，形成一对漆点儿）

起幕时，埃尔默在四下张望整个房间和观众。

埃尔默： 喂，朋友们！我是埃尔默，我要在这里和大家一起做一些拓展想象力的活动。你了解想象力吗？大家谁知道想象力会帮助大家做些什么事情呢？（这种问题可以帮助埃尔默判断孩子们对于想象力的理解程度。）

现在，让我们假装我们可以像抓葡萄一样，将我们的想象力握在手中。每个人都抓住你的想象力了吗？好的，现在让我们想象一下，我们的想象力是由黏土或者橡皮泥做成的。尽量地向外伸展你的胳膊。不错！这正是今天我想要大家用你的想象力做到的。将我们的想象力再拓展一下，让它比现在还要强大。这也是想象力训练的目的和意义。

萨　沙： [走上台来，手里持有一块许愿石] 嗨，埃尔默。看看我在海边捡到了个什么东西。

埃尔默： 让我瞧一瞧。什么？这是一块许愿石。许愿石的侧面总会有白色的条纹。

萨　沙： 是的，这一点我知道。我想来让你也对着这块许愿石许个愿。你要知道，我们可以和大家一起分享许愿石哦。

埃尔默： 谢谢你，萨沙。上次我对着一块许愿石许了个愿望，后来真的实现了。

萨　沙：你并没有告诉大家你许了个什么愿望，是不是？你这样做是违反规则的。

埃尔默：不啊，我从来不愿将我的愿望公之于众。萨沙，我现在正要和这些孩子一起做想象力拓展训练。我们是不是可以把这块许愿石和大家一起分享，也让大家每人许一个特别的愿望，你看怎么样？

萨　沙：当然可以啊。许愿石才不在乎有多少人对着它许愿呢！

埃尔默：好了，孩子们，我想要你们现在想象一下，有些美好的事情正要发生在你或者你想要它发生在的人身上。用你们的想象力，看看是怎么发生的。或许你想要某个病人早日康复，也或者你想学好某件事情，还可能你特别想要去到一个地方。[停]

萨　沙：在你确定自己的愿望之后，不要讲出来，因为那是你自己的一个秘密。

埃尔默：萨沙，在我给这些孩子们做想象力拓展训练的时候，你能不能留一下，帮我一把？

萨　沙：当然，我很愿意帮你。埃尔默，你要我怎么帮你呢？

埃尔默：首先，你把这块浮木举高，让大家都能看到。给大家把浮木的两面都展示一下。

[萨沙把浮木高高举起，从一侧转到另一侧]

埃尔默：孩子们，我想要大家使用一下你们的想象力，想象这块浮木上面有一些东西。你可能看到上面有人物或者动物，还可能是其他的东西。每个人的想法不同，因此大家所看到的东西也会有所差异。这种练习无所谓对错。[停下来，观察] 好了，

下面让我们看看你在这块浮木上面看到了什么。[观察观众的反应]

萨　沙：（孩子们结束之后）埃尔默，我可不可以说说我看到的东西？

埃尔默：当然可以了，萨沙。

萨　沙：[提供她自己那与众不同的答案]

埃尔默：萨沙，你可以将浮木放下，再把海绵举高吗？

萨　沙：[按照吩咐做了] 这块海绵跟我妈妈厨房里用来擦洗东西的那块很像哦。

埃尔默：孩子们，我现在想让你们用不同的方法来使用自己的想象力。我想要你们想出这块海绵的不同用途。

萨　沙：用不用考虑海绵的大小？

埃尔默：不用考虑，如果需要的话，你可以把他想象成足球场那么大。

萨　沙：哇，如果一支球队在海绵上面踢球的话，那将是很有趣的。

埃尔默：你还可以把自己想象成一只小小的虫子，在海绵里爬来爬去。[停]

萨　沙：噢，真有意思！孩子们，想象一下，如果有人送给你一卡车的海绵 [停顿一下了]，那么你将会用它们干什么呢？现在，你能否想象一件用海绵制作的艺术品呢？你可以将海绵进行剪切，都没有关系的。[停顿]

埃尔默：现在，我们还可以用另外一种方式来使用我们的想象力。让我给大家讲一讲昨天在百货商店里一个小女孩的故事。（给大家说一个他们都熟悉的商店，这样更容易在他们的脑海里形成视觉印象。）眼泪从这个小女孩的脸颊上面滚落下来，她沿着扶梯走来走去，嘴里不停地念叨着："妈妈，妈妈，妈妈。”当时，周围没有看起来像她妈妈的人，也没有人注意到她。你认为当时小女孩的感受会是怎样的呢？[停顿，等待观众的反应]

萨　沙：我想问一个问题，在某一场游行中，或者在集市上，如果你找不到自己的父母了，你会怎么做呢？你会怎么规划自己的行动方案？[停顿，等待观众的反应]

埃尔默：这些都是锻炼想象力的很好的例子。

萨　沙：做跟想象力有关的游戏是真有意思，那么接下来我们再做点什么呢？

埃尔默：我有几个问题需要问孩子们。这些问题的答案都无所谓对或错。头脑中想到的答案都是可以的。

萨　沙：哦，我喜欢这种问题。我可不可以回答啊？

埃尔默：当然可以。第一题是这样的：哪种颜色更粗糙一些，紫色还是绿色？请给出原因。[停顿，等待大家回答] 这个问题是关于大家自己的，“你认为自己像什么动物？为什么？”[停顿，等待大家回答]

萨　沙：我想先回答这个问题。我觉得自己是一只小兔子，因为我总是爱跳来跳去。有人说我长了两只大耳朵，因此我总能够听清楚到底发生了什么。

埃尔默：谢谢你，萨沙。在我看来，你更像是一只松鼠，但是不管你的答案是什么，都是对的。其他人能不能告诉我你们觉得自己像哪一种动物呢？[停顿，等待大家回答]

萨　沙：伙计！大家回答的都很棒！下一个问题是什么呢，埃尔默？

埃尔默：下一个问题是，“你像什么水果？为什么？”

萨　沙： 这个问题很有意思。让我思考一下。世界上有好多水果，比如草莓、樱桃、苹果、橘子、桃子、梨子、香蕉、杏、柠檬、葡萄等等。

埃尔默： 孩子们，你们觉得呢？[停顿，等待大家的答案] 好的，你们有没有准备好迎接今天最后一道题目？[停顿] “哪个速度更快一点，桌子还是椅子？为什么？”[停顿，等待答案]

萨　沙： 我想象了一下我们家饭厅里的桌椅，我觉得因为桌子是用沉甸甸的大理石制作而成的，所以它不会太快。因此，椅子速度会更快一点。

埃尔默： 你们中间有多少像萨沙一样想象出了具体的桌子和椅子。[停顿] 学会在脑子里形成影像，是一种非常宝贵的能力。现在请大家用一分钟的时间，想象一下昨天晚上睡觉时，你自己卧室的样子。看一看你的家具、衣柜、你的衣物以及你的玩具。

萨　沙： [插话道] 哎呀，天哪！我也必须想象吗？我的卧室太乱了。

埃尔默： 环顾一下你的卧室，将你记得住的每个细节都想出来——就是昨天晚上的样子。[停顿] 今天就到这里吧，孩子们。下一次，我们再多练习一些在脑子里形成形象的例子。你可以通过这种方式让自己或者他人的美好体验为自己的生活带来诸多好处。

萨　沙： 记得要不断拓展自己的想象力。如果你每天只是坐着，那么你的腿脚就会变得虚弱。如果你不使用你的想象力，它也会变弱，那样你就想不出新鲜的点子了。

埃尔默： 这倒是提醒了我，萨沙。孩子们已经在这里坐了很长时间了，我想我现在得让他们站起来，做点舒展运动。

（使用适合这个场合的运动和结语）

有人说："人类唯一的不足在于没有积极地运用他们的想象力。"因此，记住，只是帮助孩子锻炼好他们的想象力是不够的，还需要对他们的人类价值观以及宇宙法则进行培养。

神奇的木偶剧表演

木偶剧可以让孩子迅速进入到一个想象的世界，因此木偶是教育孩子良好的道具。木偶的神奇之处在于木偶表演中，孩子可以随着自己的意愿对木偶进行操控。木偶表演可以把孩子的天性解放出来，让他们对于生活中的东西，可以立刻着手加以改变。木偶表演可以展现一个孩子的内心世界，因此我们可以通过木偶表演做很多的事情。在此，我将会重点讨论木偶在开发孩子创造性思维方面的重要作用。

● 什么是木偶？

木偶指的是任何雕刻或者绘制出来，在人们操作下可以展现各种活动的一种表演形式。它可以表演一切东西——动物、人物、没有生命的物体或者抽象的概念。这就意味着，在操作者的努力下，任何没有生命的物体都可以变得栩栩如生。操作者的想象力正是精彩的木偶表演的催化剂。铲刀、锤子、小树枝或者盛洗衣液的瓶子，经过巧妙地运用，都可以用到真正的木偶表演中。在市场上也可以买到一些精致的木偶，但是如果没有木偶操作者给它们注入一些个性色彩，就远远比不上那些简陋的道具来的生动。常用到的木偶道具有七种：线、棒、棍、影布、手、手指头以及木偶。总之，一般情况下，我更加青睐用手和棍作为道具。

不要把木偶表演看成一种手工艺术，而应该看成是一种表演艺术。使用木偶来教育孩子，并非是要求孩子学会制作木偶。我建议使用那些制作起来不太复杂的木偶，这样可以给孩子留出更多的时间参与木偶表演。一定注意，木偶只是教育的一种方式，它本身并不是目的。

下面介绍四种制作木偶的活动，可以用于挑战年龄较大的孩子的想象力。

1. 10分钟木偶。让孩子在家里的每个房间（厨房，卫生间，车库等）寻找做木偶需要用到的材料，用找到的这些材料在十分钟内做出一个木偶。事先需要在桌子上放上一个盒子，在盒子里放上一些做木偶需要用到的工具，比如剪刀、胶水、束带、大头针以及针和线。

2. 自然木偶。在家庭后院、森林或者海边找到足够用于制作木偶的各种材料。这对孩子来说，是一场真正的考验。

3. 抓包木偶。教师将制作木偶所需要的各种物品放到一个又一个的纸袋子里——每个袋子里面包含制作1~2个木偶需要的材料。将袋子封住口，分到学生手里。让孩子们每人用自己袋子里的材料制作一个木偶。当然事先需要准备好剪刀、束带等工具。

4. 一样的材料，不一样的木偶。找一件制作木偶需要的材料，让每个孩子讲一讲可以用这件材料做出什么样的木偶。然后，为了继续拓展孩子们的想象力，让孩子讲一讲利用刚才那件材料还可以做出什么样的木偶。比如，纸袋可以用于制作嘴巴可以打开的木偶，如果把纸袋填充起来，还可以制作杖头木偶。纸盘或者信封上面可以添加上一张嘴巴，或者也可以制成杖头木偶。塑料泡沫杯可以倒过来，插上一根手指可以做成鼻子，也可以正着放，杯口里面设计出一些“头发”。其他的很多物件也都不止一种用途，比如：胸针，洗衣液的瓶子，木质汤匙，气球，装鸡蛋的盒子，牛奶盒子，厕纸的卷轴，苍蝇拍，还有一些水果以及蔬菜等。

以下提供的是创造性的应用木偶的一些建议。

1. 夸张剧。对于年龄很小的孩子来说，给他们一些木偶，几个道具，再用一个纸盒子搭建起一个简单的舞台，就可以表演了。

2. 木偶活动。大一点的孩子可以充分发挥他们的想象力，让木偶表演一些像拔河比赛、擦窗户、拖地、歌唱伴舞、寻找东西、背东西等需要两个木偶合作完成的活动。在舞台上再摆放一些道具，就可以表演了。

3. 个体相遇场景。可以在舞台上与另一名木偶操作者合作，大一点的孩子可以扮演以下角色：

推销员与顾客	农民与乌鸦
男孩与他的小狗	巨人与仙子
两个鬼	两个人打电话
护士与一名难缠的病人	警察质问目击证人
母亲教孩子做饭	动物们交流对于主人的看法

4. 运用木偶的独特性。木偶有着独特的能力，它们可以做到许多人类无法完成的任务。鼓励孩子去编一个短剧，剧中的木偶可以飞翔，可以隐身，还可以做一些其他人做不到的事情。

5. 寓言与传说。作为制作木偶剧的一个重要步骤，孩子们往往喜欢自己对古老的旋律、神话故事以及预言进行改编。他们可能会把一个故事里的人物与另一个故事里的人物混杂在一起，将动物替换成人物，把故事放在现代场景之中，或者给故事编造一个出人意料的结局。

6. 为木偶添加个性色彩。给孩子一个木偶，让他/她给木偶增加一副有趣的嗓音，以及一套有意思的行为模式。可能这个木偶喜欢笑个不停，可能吃个不停，可能走路的时候喜欢蹦蹦跳跳，可能走一段路后喜欢回头看看自己走到哪里了。给木偶增加个性色彩之后，两个木偶就可以去野外旅行或者去杂货店购物去了。

7. 围绕木偶编短剧。给孩子三到四个木偶，让孩子根据木偶的性格编一个故事。比如他们可以分别扮演国王、熊、女孩和巫师。

8. 围绕背景编短剧。孩子首先选择一个背景，然后选择三到四个与该背景相匹配的人物。设计一些动作，将人物与背景结合起来。背景可以是：

城堡	山洞	马戏团
野餐地	军营	教室
农场	动物园	厨房
图书馆	电梯	太空火箭
海边	博物馆	丛林
大海	月球表面	火车上

也可以让孩子们自己再添加一些场景。

艺术的作用

艺术的源泉并非是看得到的世界，而是埋藏

在人类内心深处的梦想、希望和抱负。

——亚瑟·泽登伯格

艺术能够带给人欢乐。有些环境可以帮助我们释放内心的喜悦，并让它慢慢地茁壮成长。艺术体验，若加以合理引导，通常很容易与这种环境邂逅。在我们展现出自己独特风采的时候，我们就会感到快乐，而合理的艺术体验往往会带给我们这种机会。艺术还可以带给我们一种发现新事物的满足感，无论是对我们自身的发现还是对于各种各样艺术创作材料的发现。

许多快乐来自于我们能够意识并感知到美的存在，无论是日常的各种物品之美，还是艺术品之美。另外，我们的快乐还来自于我们通过建设性的方式释放我们蓄积的情感。

当我们创造出一些从未有过的东西的时候，我们内心该是何等的快乐与愉悦。这给我们的存在增添了意义。

艺术还有其他许多方面的价值，它可以锻炼我们的创造性思维，增加我们对自己的认识，为我们的交流和自我表达增添了一个渠道，挑战我们的决断能力，让我们欣赏他人的个性，通过左右脑的平衡完善我们的思维。

但是，如果我们将一些大人要求孩子必须达到某种结果的“强制规定性艺术”强加到孩子身上的话，上面提及的艺术的所有价值都将无法实现。强制性艺术的典型形式是素描，它要求孩子在颜色、构图、造型的各个方面都要模仿到位，模型、画面以及设计的相似度都要模仿。其他所有要求孩子必须按照既定的程序进行操作的艺术制作都是明显的“强制规定性艺术”。

“强制规定性艺术”还有一些微妙的表现形式，比如在孩子面前放置一幅样画或者榜样为孩子作示范，甚至对孩子未来的期望值过高等等。请记住，孩子们会把我们的想法记在心里，会因我们的期望倍感压力。

你或许不了解“强制性要求的艺术”——素描作为最为典型的例子，是如何阻碍了孩子从中获得快乐的。下面为大家描述几种方式。

它否认想象力需要不断的刺激，因此它会削弱孩子的想象力。

它让孩子感觉自己的观点是无法让人接受的，它会打击孩子的自信心，弱化他们的独立思考能力。

孩子无法表达自己与主题之间的关系，因此让孩子失去了自我表达的能力。

它让孩子认为自己无法独立创作，因此挫伤了孩子独立创作的勇气和热情。

由于它让孩子没有机会表达他们的切身体验，因此使得孩子的情感无法得到宣泄。

它使孩子在自己作品中获得的成就感和自豪感非常有限。

成年人决定最终结果的艺术作品，把重点放在了最终作品上，而不重视创作过程中孩子内心的变化过程。之前我已经提到了输入和输出的时间比例平衡问题。如果不允许孩子运用自己独特的方式表达自己，那么对于孩子而言，艺术并不是真正的输出。

艺术活动练习

下面是一些大众艺术门类的简单罗列，并根据不同门类给出了一些建议。

1. 布置与装饰类

插花与自然风格

室内布置

假日/宴会装饰

货架展示

食品拼图造型——豆类，染色的米，意面

2. 涂抹与拼贴

拼贴艺术——可以将孩子从窠臼中解放出来，让他们爱上发明创造

材料——餐巾纸，自然形态的物件，鹅卵石，彩纸，各种几何图形，帆布，旧的纸拼图。

黏合剂——胶棒，糨糊，面团，束带，钉子，便利贴纸

3. 绘画与糅合

蜡笔——削好蜡笔

纸——用瓦楞纸、砂纸、纸巾、蜡纸、花底纸、纸板、皱纹纸、描图纸做实验

粉笔——干粉笔和湿粉笔，干纸和湿纸，定型发胶

手指画——用手指头蘸上墨在纸面按手印，用毡头笔将手印描画成动物、人物等等

鹅卵石画——将一把鹅卵石或豌豆撒在纸上，在鹅卵石落下的地方点上点儿，把这些点连成一幅画。

4. 油画

工具——工具多一些更有利于激发灵活性与创新灵感

刷子，牙刷，瓶子，涂料，糨糊

手和脚，吸管，牙签，棉棒，小棒

滚动式涂料刷，绳子，绳索

涂料——向淡彩画颜料中加入沙子或咖啡渣；加入肥皂片；加入食用色素

喷涂面——纸垫

鹅卵石画——将一把鹅卵石或豌豆撒在纸上，在鹅卵石落下的地方点上点儿，把这些点连成一幅画。

窗户，木头，石块，礼品盒，卡通，纸盘，纸袋，分类纸张

5. 印刷品

手指头，手掌印

海绵印刷品

小件印刷——用纽扣，木塞，卷发器，钥匙，罐子盖，熟马铃薯捣烂器，乐高积木，叉子

蔬菜水果印刷橡皮和塑料塞印刷

自然印染——用树叶，芦苇，蛋壳，羽毛，模具

6. 泥塑术

泥巴对于孩子有着神奇的吸引力。有些孩子对于画画，或者制作油画毫无兴趣，但是他们通常会在泥巴上面找到满足感。泥巴有着良好的疗伤价值。

材料——自然陶泥，橡皮泥，黏土，烘焙用泥，玉米淀粉泥，搅拌过的肥皂，铸纸型，食用橡皮泥点心

7. 营造与木工

硬纸板建筑——制作盒子雕塑；使用圆筒/管子

水果蔬菜人物

吸管建筑——切断塑料吸管

管道清洗器人物

岩石的生物

金属薄片人物

牙签雕塑

松果人物

活动物体——从树枝到晾衣架

硬纸板建筑——制作盒子雕塑；使用圆筒/管子

水果和蔬菜人物

吸管建筑——切断塑料伸缩吸管

烟斗通条人物

8. 针织

孩子可以学习用针当作刷子，纱线当作染料，粗麻布当作画布。他们可以在三岁就开始学习针线活，从一岁起就学习编织技术。更应该鼓励男孩子做针线活，因为人们发现他们有时比女孩子更有想象力，做得更好。

材料——肉盘，金属布，粗麻布，抹布，聚苯乙烯泡沫塑料板，洋葱皮，小块的帆布，塑料外皮的架子，纸张

线——家用绳子，纱线，麻线，刺绣丝棉，长度要求大约一臂长

皮尔斯说儿童艺术有很大的价值，应该成为一切教育的基础。鉴于我们中脑的运行方式，他要求我们通过艺术，讲故事，以及“让我

们假设”等方式对孩子进行熏陶。在孩子早期的活动中，只有将五种感官全部调动起来，功能性智力才能完全成形。这也就是为什么他说电视消灭了智力的原因。

写作的妙处

许多大一点的孩子发现，写作是表达自我的一种重要形式。下面这些活动通常在学校里开展，但是也可以在家中进行。

● 记日记

这是在家里就可以进行的最为舒适的一种写作活动。在第五章，我已经对这一活动做了简单地介绍，并且强调了保证日记绝对私密的重要性，因为这样孩子就可以自由自在地探索自己的情感，而不必担心以后日记会被人看到。

还有一种记日记的形式，这种日记是用于人与人之间的沟通的。在某些教室里，孩子们可以在日记里记录下他们想要对老师诉说的一切内容。老师每周抽出一些时间，阅读孩子们的日记，并写下自己的回复。孩子们非常看重这种交流方式。它在学生与教师之间搭建起了一座沟通的桥梁，弥补了他们之间沟通时间不足的缺憾。实际上，这种交流对于孩子的影响非常大。有个六年级的孩子，当他离开的时候，依然想要用这种方式与老师进行沟通。直到现在，他们依然在用这种方式交流着。

下文节选自一名五年级小女孩的学校日志：

12月17日

我跟我的朋友间产生了点问题。我并不像他们那样骂骂咧咧，跟他们的做事方法也不太一样，于是他们就叫我老好人。我到底该怎么办啊？我该和谁一起玩呢？

1月12日

今天很有趣。我特别喜欢小组讨论。在我们放松的时候，每个人都笑得很开心。我并没有因为放松就像他们那样大笑。我现在可以更加清晰地专注于我所做的事情。今天我决定提高自己的注意力。我还决定每天看电视的时间不超过两个小时。我要让自己变得更加友好。我认为×××是很善良的。

2月25日

在学校里和我一起玩耍的小朋友们并不喜欢我的观点。他们逍遥放浪。每当我独自去做一些改变的时候，他们就开始恨我。我该怎么办呢？我已经解决了一个问题了，另一个问题也搞定了四分之一。我信任×××，因为她总是很善良。她不顾自己来帮助我。

如你所见，这种交流性质的日志帮助老师了解“孩子处于什么样的状况”。它让老师对于学生之间的关系有了更为深刻的了解，学生们也可以欣赏到老师的私密建议。

● 思维导图式提纲法

有的孩子想要有自己的想法，但是没有耐心，也许是没有技巧去记日记。可视化的列提纲的方式，有时候也被称为思维导图，是不错的选择。让孩子首先在白纸的中间写上一个词语，这个词语可以是表示开心的词汇，比如“快乐”。这个词也可以是“恐惧”，也许他意识到了某些恐惧，并且想要更多地了解一下恐惧。还可以是“哥哥”，也许在哥哥面前他有使不完的劲。抑或是当天卡片上的某个表达感情的词语。

在白纸中间写上一个词语之后，孩子以这个词语为中心向外再画出几条线作为分支，在每条线的尾部写上一些与中间这个词相关的描述想法或记忆等的词汇。

利用这种方式，孩子们很快就能够得到很多较为深刻的见解，以及比较有创意的联想。有时候，对于思维导图中的某项内容，孩子可能愿意更加仔细地思索一下。有时候，可以通过这种方式引出孩子对于某首诗或者某个故事的看法。

● 自由写作（SWISH）

SWISH即这个首字母缩写词汇就是“持续的写作即是持续的习惯”，是Sustained Writing Is Sustained Habit的缩写，这是课堂上鼓励学生自由写作的一个小技巧。给孩子大约45秒的时间让他们从黑板上的三到四个话题里面选择一个话题，然后老师开始计时三分钟，让孩子们写作。告诉孩子们必须一刻不停地写，如果遇到卡壳，写不出来的时候，他们可以将最后的那个词语抄写几遍。他们不必担心大小写、标点符号，或者拼写是否规范。当计时器响时，他们必须停止写作。

那些希望与大家分享自己作品的孩子可以这么做。许多孩子希望分享自己的作品，那么就要将他们分成小组。下次再做这种写作练习的时候，多给他们一分钟让他们分享自己的作品。在他们应付得了的情况下，可以慢慢延长时间。三年级的班级最多可以延长至45分钟。

最好给学生四个选项，其中三个是荒诞的。

"我是一棵俯视整座城市的仙人掌，我在想……"

"我是藏在床底下的一粒尘土，我的两只脚正在接近……"

"快看，朝着我们这个方向飞来了另外一艘宇宙飞船。你认为……"

第四个可以是关于某个即将到来的节日，亦或是最近的某个事件。

这个活动也可以变成一个迷人的家庭活动，家长或者适龄的孩子都可以加入到写作的行列之中。

● 看图编故事

用图画来刺激写作对于一群孩子来说是很有意思的。如果小组人数不多，可以将图画在孩子中间传阅；如果人数比较多，可以将一张或者两张图画贴到墙上。写作内容可以考虑以下方面：图画里发生了什么事情？接下来可能会发生什么？在此之前，发生了什么？描述一下这幅图片的情感基调或者为这幅图画写首诗。

● 故事接龙

这项活动采用接龙式的方法编故事，有利于开发孩子们的创造性思维。教师将一组词语写到黑板上，让学生使用尽可能多的词汇编故事。几分钟之后，老师要求学生们将自己的故事传给后面的同学，每个人都编写一段。故事传递5到6次之后，找同学把这个故事大声地读给大家听。

● 故事续写

前面第7章将这个技巧用于讲故事，把它当作一个写作活动也是非常合适的。将一个道德问题抛给大家，让孩子们通过自己的道德推理把这个故事续写完整。

● 集体写故事

让同学们把带有名字的纸条放入一个篮子里。如果喜欢，你也可以放一个。把孩子们分成四人一组，让每个孩子描述一个人物，让他们为这个故事设置一个背景、一个问题，并为这个问题找到一个解决方法，让这个故事将四个人物包含在内。一旦做好以上准备工作，每个孩子要独立创作一个故事。

● 菜谱式写作

建议学生为一些抽象概念找出实现方案，比如自由、公正、幸福、友谊等等。下面是托马斯·泰纳的《和平杂烩》和另外一篇作者佚名的《不幸菜谱》的部分文字。

和平杂烩

和平肇始于对造物主的敬畏和深沉的爱。将两份宽容与两份对于人类同胞的爱融合在一起。另外，将一大份的体贴混入其中。加上一份与人分享的意愿。外加一份幽默，放置于这个空虚的世界，小火慢煨，直至每个人的内心深处都感受到这份平和与爱。

不幸菜谱

1杯内疚　　　　1杯活在过去

1/2杯抱怨“我太可怜了”

1份批评　　　　1/4杯责备别人

将以上材料混合在一起，让它们慢慢膨胀，直到变成原来体积的两倍。分成大小相同的几份，在武断与自以为是的烤箱之中进行烘焙。

书中第十章的某些活动，标题为“制造笑声的游戏（见P188）”与“改造装备活动”（见P199）也可以用于写作妙处的训练。

音乐的功效

让你的孩子沐浴在美好悠扬的音乐之中——

这是你可以为他们做到的最有意义的事情。

——哈尔·灵格曼《音乐的治疗作用》

下面有许多方法，可以用到音乐活动中将孩子内心的天性加以释放。音乐带给孩子许多精彩的方法让孩子表达自己，并且通过音乐营造出来的氛围，让孩子们找到自己内心最为美好的东西。

1. 音乐有助于提升学习能力。研究表明，音乐可以影响大脑接收和存储信息的方式。芭芭拉·塔伦蒂诺曾解释过，“巴洛克时代的作曲家作品中的舒缓运动已经被试验过并为专家广为推荐，因为这种缓慢的节奏（每秒60拍或者更少）可以让身体平静下来，缓解学习带来的紧张。音乐占用大脑的左半球，让右脑保持警觉，接收数据更加容易，有利于促进学习。”

实际上，只要孩子愿意去听，任何能够使人保持头脑清醒、身体放松的音乐都可以用于辅助学习。千万不要逼迫孩子去听一些他们不愿意听的东西。

2. 音乐可以帮助孩子释放多余的能量。音乐可以帮助孩子更加专注于学习。这种音乐不能像摇滚乐。即使在孩子不做作业的时候，他们一听到摇滚乐，也坐不住。

3. 音乐可以调动起孩子们的想象力，使他们的灵感得以释放。某些音乐可以让人内心产生画面感。

4. 音乐可以让孩子的内心变澄澈。当孩子的脑子被过量的信息充斥，需要使头脑变得清醒一些的时候，听点音乐绝对没错。塔伦蒂诺开出了长长的音乐清单，并建议将其用于减轻内心负担，比如平衡收支簿。

5. 音乐可以滋养或维持一个快乐的、富有建设性的情感状态。我们可以利用音乐来创造性地释放孩子内心的情感，清除内心的障碍。灵格曼就这一方面做过全面论述，并将音乐做了如下区分：释放或者平息愤懑型；缓解郁闷、压抑和恐惧型；增加内心的力量、勇气、爱心以及忠诚型。

6. 音乐具有治疗作用。音乐是宝瓶座时代最主要的具有治愈功能的艺术门类之一。音乐可以减轻住院产生的心理创伤，减轻病人的痛苦，辅助病人恢复记忆，鼓励人们学会社会技能。音乐家兼作者史蒂夫·哈尔彭认为，健康的声音可以为我们增添活力，使内心达到平衡。仅仅通过每天播放音乐就可以调节我们的内心以及我们周围那些不和谐的能量。

创新性活动练习

创造性动作是一种欢乐无穷、令人陶醉的活动。

——托马斯·特纳

这种活动对孩子们而言是一种有意义的体验，正如特纳一针见血的解释，“因为它逃避了‘产品陷阱’”。这种表达很好地指出了孩子们并不是产品，也不是用于表演的道具。不用被别人紧紧盯着，不用接受别人的指指点点，孩子们会感到多么发放松啊。

创新性活动，除了为孩子们提供一种即兴的创造性表达方式，还可以开发孩子们的身体意识、节奏感，增强孩子们的身体素质，提高他们的交流能力。下面是我喜欢的一些创新活动。

1. 涂鸦。每个孩子假装自己是一支彩色水笔或者彩笔，把整个门当作一张大纸，孩子们在教师的指导下在门上涂鸦一些图案。

2. 颜料缸。这个活动要求的肢体运动更多，孩子跳入一个虚构的颜料缸——可以是圆点涂料或者条形涂料——然后将颜料涂在身上，甚至将头都要在颜料缸里泡一泡。然后对着天空作画，可以用胳膊、腿和头来挥动画笔。

3. 声音。在地板上画个圈，大家全都坐在圈内。每个孩子或成人说出一种声音，然后参与者用乐器或者手掌即兴演奏出相应的声音。一些人站起来，描绘这段音乐的场景，其他人继续演奏。比如，可以这样解释音乐：

一个球在弹球机里面发出的声音

火车进出车站

沸腾的水或者汤

爆米花爆裂的声音

小兔子在脆嫩的树叶上跳动的声音

咀嚼泡泡糖或者薄饼干的声音

4. 抓蝴蝶。让孩子用想象出来的捕蝴蝶网，表演抓蝴蝶。在抓蝴蝶的时候，做一些有意思的动作。

5. 一阵风。孩子们假装被一阵强风吹着前行。昂首挺胸，双臂张开，孩子们想象着等待身后大风吹过身体，扫过地板的感觉，前行时保持这个姿态。

6. 吃惊。在这个游戏里，孩子们通过摆出某种造型或者突然做出某个动作，表现出很吃惊的样子。比如，自己在大街上走着，突然听到头上传来一声爆炸声，或者突然见到一艘宇宙飞船。亦或者在大街上走着，突然听见身后一声尖叫，迅速转过身去。

7. 变身。让孩子想象自己变成了雪花、被压扁了的铝箔、水面上漂浮的油滴、雷雨、暴雪、融化的雪人、缝纫机上的线、巫师或者小妖精、飞奔的驯鹿等等。这个清单可以几张纸都写不完。

8. 创造性戏剧范例。

《美丽的小鸭子》

[根据安徒生的童话故事改编。本故事可用于幼儿园或小学低年级孩子的戏剧表演练习，也可以稍做改编让大一些的孩子使用。]

用具：有关安徒生的记录和资料，“丑小鸭”的故事。

服装：碎纸片或者帆布用作背景、小鸭子或者天鹅变换的装束、羽毛、纸质翅膀、蹼，少量的化装用具

热身："丑小鸭"可能被讲故事的人描述、阅读，再次讲述。为了拓展想象力，不要展示插图。图片或者插图能够辅助讲解。用小鸭子或者天鹅的符号或者道具作为热身项目，增加孩子们对于这个活动的识别度。

实施：在孩子们体验这个故事的时候，允许孩子将故事展开。不断改变角色，强调出现的道理和原则。重点还要放在丑小鸭变成白天鹅之后的那段故事上，强调接纳和原谅这两个关键。转换一下故事的重点，从一开始就接受小鸭子本来的面目，重新表演这个故事。在旁边略微作出具有创意的指导，会有助于表演的展开。分享：这对于任何戏剧都是最重要的一段时间，孩子们利用这段时间进行安静的反思和透视别人的见解与感知。注意孩子们对于角色、主题的反应，看他们如何谈论自己的感觉。注意，孩子的个人体会和见解与他们自己的生活体验是相关联的。

延伸变化：（1）对于年龄大的孩子，可以使用"未完成的故事"这一技巧（参见谢夫特），让孩子们轮流为这个故事续写结局。将其中的一个或者几个结局表演出来作为戏剧实施的一部分。（2）采用乔纳森·福克斯的戏剧回放技巧，让孩子们讲述自己关于这个主题的故事，然后找其他孩子把这个故事表演出来，故事叙述者在旁边观看。"音乐家"可以为这个表演伴奏，为作品提供情感能量。

● 其他形式训练

1. 孩子们择取两种对立的原型，并且创造一个包含以下品质的

"活雕塑"——爱/憎，能量/消沉，接受/排斥。在两个演员的场景中描绘这些品质，在交流中可以使用声音、动作或者毫无意义的音节。我们看一看积极品质是否比消极品质更强大。每位演员展现一种品质，在与展现其对立品质的演员的对话中将这个品质传达出来。

2. 将一种动物放在一个圆圈中，动物是活的或者虚构的都行。看看孩子们如何与动物交流（安慰，玩耍，戏弄），然后让一个孩子去扮演这个动物角色，看看前后情况是否会不一样。

3. 让孩子拿出一些乐器和演出服装，并将这些东西放在他们面前的圈中。让他们先用乐器进行对话，然后将同样的情绪通过演出服装表现出来。注意发生了什么？有什么感受？围着圈走动，让每一个虚构角色的本质通过道具服装表现出来。

第十章

玩耍 VS 游戏

——游戏可以塑造人

让孩子

藏身于他们长大以后的身体里

渴望快乐，渴望开心

渴望自由

出来吧，出来吧，无论你在哪里

不如回来享受当下的阳光遍地。

——拉斯提 · 帕克斯《生命是一份礼物》

玩是表达我们快乐的一种最简单的方式。人类对于玩的需求是非常强烈的——也是天生的。如果我们不给自己留出一些玩的时间，那么我们就会错过许多玩耍的乐趣。

玩的重要性

我喜欢温暖的阳光，

拂动的微风，

还有那上蹿下跳的小松鼠。

蚂蚁急匆匆地准备越冬的食粮。

我坐在树桩上，看到一只花栗鼠一闪而过。

我坐在树桩上，

大树带给我阴凉。

——纳塔莉·科利

玩耍能够在教育、身体以及心理等诸多方面给我们带来益处，下面就列举几个：

1. 玩可以培养人的同情心。

2. 玩是我们学习东西、记住东西的有效方法。

3. 玩可以让孩子发现自我，找到自己的位置。

4. 玩是释放负面情绪与挫折感的一种为大家普遍接受的方法。

5. 在搜肠刮肚不知用什么言辞表达的时候，玩提供了另一种表达的渠道。

6. 玩为我们解决难题、处理当前压力提供了一个机会。

7. 玩鼓励孩子做出一些自发行为，这种自发行为日后可。以转变成创造力。

8. 玩是发明创造与审美创造的源泉。

9. 玩给孩子提供了参与各种社会交往的机会。

10. 玩是带给自己或者他人愉悦的一种方式。

如果父母真正尊重孩子玩的价值，那么除非有紧急情况，他们是不会打断孩子的玩耍的。在孩子玩耍时，他们会对孩子抱以尊重。这种尊重不亚于他们自己在努力工作时渴望得到的尊重。

和孩子一起玩耍是很好的一件事情，但是如果我们目的不够单纯，那将会损害孩子的体验。如果我们介入孩子玩耍时那纯真的快乐，试图教训、取悦或者评判他们的问题，孩子们是能够感受到的。

孟子有言，“大人者，不失其赤子之心者也”。可见他依然能够单纯地玩耍。我喜欢作家里奥·布斯卡利亚的一句话，“我同树叶一起玩耍。我会走到街上，迎着大风奔跑。我每次浇灌我的花园，都会弄得自己一身水。正是在一次又一次这样的愉快体验之后，我的创造力得到了最大程度的发挥，也写出了我最棒的作品。”

我认识一对中年夫妇巴迪和佛罗普塞，他们通过一个布袋熊和一个布袋兔来找寻快乐。他们甚至带着它们去旅行，这为他们的经历增添了许多幽默成分。在最近的一次旅行中，巴迪同隔壁桌的一个小男孩攀谈起来，不一会儿另两张桌子上的食客也都加入了他们的对话。这样一来，四张桌子上的陌生人聊到一块儿去了，这种情况在现如今已经很少见。

虽然这只小熊“说话”的时候结结巴巴，但是它在巴迪教课的六年级学生中也是必需品。同学们强烈要求小熊来给他们“听写”，因为他有的时候会犯个小错误，继续拼写单词。当一些建议借助小熊之口说出来的时候，孩子们很乐意采纳。在休息时间，它也是最受大家欢迎的一员。

我们每个人在生活中是不是都需要这么一只小熊呢？也许你有着一套独特的方法，来跟自己内心的那个孩子分享。

● 游戏和玩耍的区别

许多游戏并不是一种玩耍活动——至少在我们的文化中那些熟悉的游戏不是玩耍活动。小孩子玩耍的特点是游戏规则可以自行自由规定，同时又灵活可变，其目标仅限于游戏之中，活动充满着想象力与纯粹的快乐。然而，由于大部分游戏有着严格的规则，有赢有输，有批评，有较量，因此充满着紧张感，而且工具必须按照相应的规定使用，不可根据自己的想象随意使用。布鲁诺·贝特尔海姆告诉我们，对于孩子们来说，游戏并不仅仅是“游戏”，而是一种真实的生活体验。通过游戏，孩子们可以感知自尊感或竞争感。输了一场游戏对于孩子而言非同小可，它可能会损害到孩子的自信心。

合作与竞争

游戏可以塑造人。竞技类游戏让孩子无论是在身体上还是在语言上会变得愈加咄咄逼人。孩子之间的大声斥责会损伤孩子的自信心。那些自我贬损的话语也会挫伤孩子的信心，比如“我动作不协调”、“我总是被抽到最后一个”、“我真是糟糕透顶”。温斯坦和古德曼解释说，如果去掉竞技的压力，口头侮辱对手的冲动也就会随之消失。

看看你的孩子们玩的游戏。是不是过于强调规则而不是人本身呢？是不是过分强调了输赢？这个游戏最终是不是只有一个人赢而其他人都输呢？

好在现在出现了倡导合作而非竞争的良好趋势。在要求合力完成的游戏里，所有人都是赢家，没有人输，所有人都在朝着一个共同的目标努力奋斗。他们一起协同作战，而不是彼此防备着对方，因此不必担心失败。没有人会掉队，所有人都参与其中，每个人在离开的时候都比开始时还要开心。竞技类游戏强烈呼唤合作。

合作、接纳和成功滋养出来的孩子更有可能养成较强的自我观念，就像平衡饮食滋养下的孩子更可能拥有一个强健的体魄。

合作类游戏练习

对每个年龄段的合作类游戏要作分类，下面列出几个例子。

1. 合作音乐圈。对于年龄很小的孩子，可以使用“合作音乐圈”。呼啦圈是“提升三至四岁孩子最初合作能力的非常有效的手段”。在这个活动中，两个孩子站在呼啦圈中间，并将它高高举起。他们随着音乐跳来跳去。音乐一停下，就会再有两个孩子加入进来，呼啦圈里快被塞满了，四个孩子在呼啦圈内，举着呼啦圈，伴着音乐翩翩起舞。活动依此继续，直到一个呼啦圈里面装有大约8个人时为止。

2. 大乌龟。这是游戏的名字。游戏需要几个孩子组成一个小组，孩子趴在地上，仅仅用双手和双膝着地。孩子们的背上顶一些表示龟壳的东西，比如：硬纸板或者塑料板、防水油布、毛毯或者垫子等。关键是要求“乌龟”向同一个方向爬行，需要穿过一条设有障碍的通道或者代表高山的长椅。

3. 和平拉锯赛。跟拔河比赛不同，在和平拉锯赛中，齐心协力的一方是赢家。

4. 小孩子，大袋子。八至十二个孩子同时钻到一个大袋子里，然后尽力地对这个袋子进行操作。奥力克指出，最好使用一些透光材质的袋子，比如麻布或者耐用的旧白纸。

5. 沙滩排球的平衡。我很想尝试这个活动。在这个活动中，两个人共用一个沙滩球，两人相互要配合拿着球，但是不可以用手。他们可以发现所有的持球方法，比如：头对头、背对背、侧身对侧身。在两人共同持球的时候，需要作出一些规定的动作。我想要知道两人都用额头夹球的时候，他们到底能不能用手触摸到自己的脚趾头。

6. 冻豆袋。这是奥力克设计的用来帮助朋友的一种游戏。老师让孩子们用头顶着盛满豆子的小布袋，然后下达指令让孩子做一些动作，比如：双腿跳、单腿跳、走快点、往回走等等。如果豆袋子掉下来，这个孩子就被“冻结”。活动的目标是帮助“冻结”的小朋友们解冻。若想解冻，必须由另一个小朋友在自己的袋子不掉下来的情况下，帮你把掉在地上的豆袋子捡起来。

7. 抢椅子游戏。“抢椅子”游戏目标都是让每个孩子参与其中。虽然音乐停止的时候，一些椅子总会被有次序地撤下来，但是孩子们并不会退出游戏。他们会重新结成一对，坐到一把椅子上或者坐在一起，继续进行游戏。最后，所有的孩子都会坐在一把椅子上，没有人孤零零地站在一边。

8. 传统的“画鼻子”游戏。这个游戏也被妈妈们做了一些调整。这个游戏有几种合作性的玩法：(1) 睁眼的孩子们轮流向蒙眼的孩子发出指令。(2) 他们一起在墙上组装小动物，每个人为这个小动物增加一个部分——腿，头，尾巴。指令也按照（1）中叙述的方式喊出。奥力克说，(这种游戏的) 最后应该是欢呼一片，而不应该是泪流满面。

9. 合作式捉迷藏。这是由另外一位聪明的妈妈发明的。一开始，两个孩子手牵手一起寻找其他藏起来的孩子。他们一旦找到一个，就会牵起他的手，三人一起寻找其他人。这个游戏到最后就变成了一群人手牵手寻找最后一个藏起来的人。

10. 手指舞。舞蹈需要两个或者两个以上的人来完成，每个人都要闭上眼睛。这几个人围成一个圈，每个人把自己的食指指向空中。当他们的手指触碰到一起的时候，舞蹈开始。动作幅度可大可小，但一定只是手指在跳舞。

11. 滚球游戏。这是我特别喜欢看到孩子们玩的一个游戏。游戏的参与者紧紧地围坐成一个圈，每个人都将腿伸展开来。把一个篮球放在其中一个人的大腿上面，然后让这个球在每个人的大腿上滚动起来。游戏过程中，不能用手。游戏者还可以增加一些规则让这个游戏变得更加有趣。

12. 丢隐形球。这是用来帮助孩子彼此了解对方名字的一种游戏。孩子们站成一圈，大家想象有一个网球。其中一个孩子喊出另一个孩子的名字，并把“球”丢给对方。如果不知道对方的名字，就要先问出对方的名字。不管是谁接到了这个“球”，都可以把它想象成其他任何东西——棒球，西瓜，鸡蛋，小鸡等等。他说出这是什么，然后把它“丢”给下一个孩子。

仔细看看你的孩子玩的游戏，他到底能够学到关于自己的一些什么东西呢？这些游戏到底能不能把孩子内心的喜悦释放出来呢？

对于大一点的孩子——八到十二岁之间，还可提供水上类游戏、安静类游戏、接力类或者搬运类游戏，还有集体得分类游戏等等。即使你不去做这些游戏，仅仅是阅读了解一下都会感觉很有趣，因为这些都是蕴含着创造性思维的绝佳游戏。你甚至都可以感受到孩子们在做这些游戏时的那种喜悦。孩子可能会在你这里得到一种欣喜若狂的体验。

配对和分组

选择搭档的时候往往会令人颇感焦虑。温斯坦和古德曼说：“……找到一些能够把游戏参与者分成队或组的方法非常重要，不仅需要保证所有人都能参与，而且需要保证不会引起任何选手的焦虑。”下面是三种有关配对方式的建议：

1. 让所有人向空中伸出0到5根手指，找出伸出的手指总数为偶数的两人，结成一对。

2. 用左脚或者右脚进行单腿跳跃，找到另外一个和自己用同一只脚跳跃的人。

3. 找出一个和自己使用的物件或者衣服颜色相同的人。

选择团队会让孩子感到紧张，有时候甚至会破坏孩子玩耍的乐趣。

选择团队就是一个“被迫”做出选择的过程。比如，团队负责人会问“请想好了，现在你是想吃葡萄呢还是想吃香蕉？”这样就把一群人分成了两拨。或者也可能这么问，“这个假期你是想去爬山呢还是想去看海？想去爬山的这边站，想去看海的站到那边。”作者在书中说，至于两边的人数是否一样，根本不重要。

印第安人分组的时候，会让人们自己选择站到哪一边去，这样就避免了直到最后才被选上的尴尬。有的队长会将两种不同颜色的纸条放到篮子里，并盖上盖子。每个人从中选择一张纸条，选到同一种颜色纸条的人组成一队。

自己发明游戏

自己发明一些游戏是很有意思的。你可以对现有的游戏进行改编，也可以重新发明一些游戏。温斯坦和古德曼为我们提供了一份非竞技类游戏检验清单，由十个元素组成。它是玩具类物品的制作菜谱，你可以将这些要素自由组合发明一些小玩意儿。下面将这些要素简单介绍如下。

1. 这个游戏是否包含幽默因素呢？这个游戏能否让孩子们一起大笑，而不是让大家彼此嘲笑呢？

2. 这个游戏从本质上来说，是否具有合作性呢？游戏的参与者们能否一起玩耍，而不是彼此对抗呢？

3. 这个游戏是否包含一些积极的动作？游戏的参与者在玩游戏后会感觉是否更好？

4. 这个游戏的参与性如何？该游戏是否鼓励孩子参与其中，而不是袖手旁观？

5. 该游戏是否给参与者提供了想象和即兴发挥的空间，甚至可以让孩子改变游戏规则？

6. 游戏参与者们在游戏中是否地位平等？是否一样能够参与游戏？

7. 该游戏是否考虑到要避免让某个孩子做独角戏式的“表演”，而其他人只是在一旁指指点点？

8. 该游戏是否具有挑战性？能否让孩子们做一些冒险式的尝试？

9. 该游戏是更加重视规则还是更加注重参与其中的人？

10. 这个游戏是否有趣？

如果你想要重新发明一个游戏，现在为你推荐游戏活动的六要素。

1. 谁玩这个游戏？（比如：学龄前的孩子，大学生，周末补习班学生。)

2. 参与者需要专注于游戏里的哪一部分?

3. 道具。道具不一而足,有的游戏不用道具,有的甚至可能用到降落伞。

4. 权限划分——视具体情况而定,有时候需要组长全权掌控,有时候需要参与者占据主动。

5. 能量级别与小组规模。这个游戏是安静型的呢,还是热闹型的?孩子们是两人一组呢,还是多人一组?

6. 游戏结局。让成员了解这个游戏如何收尾十分重要。

在温斯坦和古德曼看来,如果您为以上六个要素列出十个选项,并将这些放入表格之中,然后将其混合,加以匹配,你就可能创造出几百万个游戏。

也许新游戏点子的最佳来源恰恰是孩子们自己。奥力克说:“使用几条简单的指导原则,就可以让我们用一些早已被成人排除在外或者被弄得面目全非的方式思考问题。”有一组孩子利用半个小时就发明出了14个游戏。我们还在等什么呢?

制造笑声的游戏

一个人没有幽默感,就如同一辆马车没有弹簧。

路途之上,即使遇到很小的一颗石子,

都会造成一阵颠簸。

——亨利·瓦德·比彻

快乐的游戏会让人发笑。笑是我们幽默的结果,幽默源自于我们的喜悦。反过来，幽默又增加了我们的喜悦。我在这里要说的就是要提升我们的幽默感，也就是自嘲以及和别人共欢笑的能力。据说，这种幽默“源自于我们能够意识到人类生活中的那种普遍存在的不完美”。

下面这个故事，是我几年前在《克里斯多夫新闻笔记》中读到的：

> 在旧金山，一名女警察被派去调查一场家庭纠纷。她还没进屋，就看到里面的人把电视从窗户扔了出来。她敲门的时候，听到里面还在激烈地争吵。一个生硬的声音从里面传了出来，“谁啊？”女警并没有说“警察！”而是说“我是来修电视机的。”气势汹汹的两个人顿时笑出声来，一场纠纷就此和解。

韦恩·达耶说“培养孩子在生活中微笑的能力，让他们能够看到生活之中可以让人微笑的一面，不要时不时地就发火”，这是父母的一份责任。他提出要求，“你要承诺‘让他们尽自己的全力去笑吧’。”

对于很多家庭而言，晚餐是家人一起开心大笑的时刻。笑声可以助消化，可以培养感情，可以慰藉心灵。大家一起说笑比为了餐桌上的举止和食物喋喋不休，纠结于某个问题，或者紧盯电视看新闻要好得多。有一次，我听到一个公共演讲人讲述小时候她家中每个人在一起大声地欢笑。她说她们家有人笑到流泪，有人笑得前仰后合，有人笑得尿了裤子。她们一顿饭常常可以吃几个小时。

还有的家庭会在餐桌上传递一个可以拉绳的笑袋，每个人拉开绳子，从里面呼吸一下可以传染的笑，然后在传给别人之前再将袋子注满笑。这个东西在周末培训班、生日聚会或者自驾旅行途中可能会很有意思。开心的孩子都有这么一个笑袋，并且对于它的使用方法可以给出许多建议。

如果幽默在你的家中已经不见踪迹，那么你可以找一些笑话书来恢复家里的欢笑。可以让家里的每一个人在吃饭时，都讲一个有趣的故事或者一个有趣的笑话。老师可以在班里开辟类似的笑话时间，或者设置一个笑话粘贴板。告诉孩子们，如果讲笑话的时候，以牺牲别人为代价的话，笑话可能会伤害到别人，比如一些恶心的笑话或者不太道德的笑话。

有个伟大的哲人建议人们每天大笑15分钟，这样就可以增加身体的振动频率，这对于全身都有好处。他说，笑可以驱散困扰。在犯了错误或者遇到苦难的时候，要笑。如果在地震开始的时候，你能够笑出来，你的振动频率就会提高，你的恐惧也就不复存在，这样你就可以熬过最苦的日子。他让人们先慢慢地从发出老套的“哈哈哈”开始。慢慢地，情绪逐渐增强，开始学会咯咯笑以及捧腹大笑。笑是可以传染的。

还有一种学着笑的方法，是播放开心大笑的录像或录音。

笑比皱眉要容易多了，因为微笑的时候需要移动的肌肉要少。要告诉孩子，“微笑会使得那些即将到来的皱眉头‘不知所措’。”

制造笑声的游戏。在家庭里，家里的人轮流坐到一把被称为“笑椅”的椅子上，其他人竭尽全力逗这个人开心。当然，也有时候，逗别人开心的人自己先大笑不止。笑声是可以传染的，所以坐在椅子上的人通常很快就投降了。

让我们记住维克多·博奇的话吧，“笑是两人之间最短的距离。”

直觉训练

直觉是我们每个人都拥有的一种力量，但有的时候我们通常意识不到我们正在使用着它。我们理性又有逻辑的认知方式并不如我们的直觉重要和可靠。

帮助孩子开发直觉，就是给他们提供一种终生技能，这种技能可以帮助他们做决定，可以帮助他们预知未来，可以帮助他们更好地与别人交往，可以提高更高层次的意识。直觉最大的功能是开发出孩子的无限智慧。这之后他们可能不知为什么就判断出了怎么做是正确的。

你可以通过回忆直觉在自己、他们或者其他人身上发挥作用的次数，来帮助孩子们意识到直觉的存在。鼓励孩子在一些小事儿上练习自己的直觉，这样就可以让他们习惯经历脑子这一部分的功能。比如：谁在飞机上？明天会有多热？那个退房的队伍会移动得更快一些吗？考试时会出什么题目？他们在寻找哪家商店？

读心术练习

读心术，是直觉的一种形式，指的是能够读懂别人内心所想事情的一种能力。读心术常常在彼此存在亲密情感关系的人之间产生，因此家人是做读心术练习的绝佳人选。在刚刚睡醒或者睡觉之前做一些简单的读心术练习可以带来好的效果。

人们在有意识存在的状态下进行读心术练习时，放松下来非常必要。读心术本身是在无意识状态下完成的，但是如果想要意识到它或者与它玩耍，你的身心都得放松，你要有一个开放的心态。

读心术中，需要有人作为信息的发出者，有人作为接收者。发出者需要集中精力将清晰、明确的图像投射出来，千万不可有思想负担。发出者在将一系列的图像通过视觉投射给接收者的时候，可以在心里默念图像接收者的名字。接收者在默默地让下意识的头脑马上发出图像的同时，还要放松下来，保持预知的状态。

练习一：让孩子首先做一些准备活动。让孩子闭上双眼，安静几分钟。教师或者孩子可以问以下问题：

★ 今天的神秘盒中到底装了什么？

★ 朱迪在她的便笺簿写了什么字？

★ 他们正在司各特老师的班里做什么？

这个列表可以继续添加下去。

练习二：俩人一组，面对面站起来。确定信息发出者与接收者。两个人都闭上眼睛，握住手。接收者的手放在上边，发出者的手放在下面。发出者也可以抓住接收者的手腕。发出者在脑子里想象一件对自己有特殊意义的东西，比如：最喜欢的一个物件、食物、宠物、或者人。发出者向接收者发出大脑图像，持续一到两分钟。然后，两个人都睁开眼睛，接收者分享它接收到的物件的样子。如果别的小组的孩子还没做完，那么两人就改变一下角色继续进行。

斯蒂芬妮·赫尔佐克说，经过一些练习，她们班的学生都可以发送信息了，精准率达到了80%。由于这个活动的开展，很多孩子都成为了好朋友。

练习三：需要找两个学生或者让全班学生参与。提前准备好一些图片表格，规格为3×5厘米，具体如下所示：

A. 5个数字——每张卡片上一个数字

B. 5个字母——每张卡片上一个字母

C. 5个符号——比如：十字架，三角形，正方形，星形，心形

D. 5种基本颜色——把每种颜色用图钉订到一张卡片上

开始做游戏之前，向孩子们展示一下这些卡片。给每个孩子一张白纸，让他们当作电视屏幕。每个人都完全放松之后，信息发出者说出一种类型（比如：字母，颜色），并且盯着这些图像看一到两分钟。接收者看空白的“电视屏”，在心里期待一个图像的出现。如果只有两个人玩这个游戏，接收者就大声喊出他所接收到的图像。如果人数超过两人，每个人在纸上写出自己读到的图形。当大家将答案统一之后，发出者说出答案。

如果需要变换游戏，再制作一些包含5个条目的类别列表，例如：

地方：动物园，迪士尼乐园，公园，沙滩，学校

水果：香蕉，猕猴桃，柠檬，橘子，桃子

城市：纽约，西雅图，凤凰城，东京，伦敦

宝石：钻石，红宝石，珍珠，绿宝石，猫眼石

练习四：一个人在身上摘下或者脱下一件物品（比如：鞋，袜子，表等），然后离开房间，其他人把它藏起来。等这个人回来的时候，让他站在屋子中间，或者其他孩子围在中间。然后他开始阅读其他人的心思，他们都在内心里思考物件藏的位置。这个游戏可以使用任何物件，但是如果使用孩子自己的衣服会更简单一些，因为孩子更为熟悉和有趣。

练习五：很棒的聚会小游戏。所有人背对队长，队长释放出能量和某一种信息（比如：挠挠你的头，清一下你的嗓子）。谁接收到信

息就赶紧做出反应。几分钟后，队长说出刚才的信息到底是什么，以及谁猜对了。这个人就做下一轮的队长。

斯蒂芬妮·赫尔佐克说，颜色识别类游戏在她的教室里颇受欢迎。经过安静训练，在她举起彩色图纸的时候，这些7岁的孩子们，闭着眼睛就能感知出到底是哪一种颜色。孩子们也可以自己做这个游戏，将一些颜色明亮的纸摆在桌上，让孩子蒙上眼睛感知颜色。许多年前我听说俄国有这种游戏，现在很欣喜地了解到，我们的公立学校也有这种游戏了。

由于想象力与直觉是密切相关的，请在前面第九章查找一些练习想象力的活动。

心智类游戏

1.“我是……”的游戏。这是一个很简单的游戏，可以用来建立孩子断言“我是……”的意识，以及了解把真实美好的词语放在“我是……”后面的重要性。告诉孩子“我是……”是最有力量的两个字，不管我们重复地说“我是”什么，“我是”之后的词语都会实现。

这个游戏可以有一群人玩也可以两个人一起玩。从字母表的第一个字母开始，第一个孩子先说我是……（以A打头的单词）。由于表述必须是积极的，因此“我很生气（angry）”就不可以。第二个孩子说以B开头的词语，以此类推。如果只有两个人玩，那就重复着以字母表为顺序，轮流进行表述。这在餐桌上、汽车里、洗盘子时，或者入睡前都是一个好游戏。如果有木偶充当道具的话就更好了。还可以说得越来越快，或者唱出“我是……”的表述。每个人可能都想要做出一个吸引人的表述作为这一天对自己的肯定。

下页表中是一些简单的词汇，当你或孩子卡壳的时候可以用得上。你也可以自己续填这个表。如果经常做这个游戏的话，词汇的增加仅仅是这个活动的一个副产品。

这个游戏最合适的结尾是唱“我是幸福的”或者“我是快乐的”这类歌曲。除了“我是……”还可以做“我可以……”版本的游戏。“我可以是乐于助人的”，“我可以游泳”，“我可以有耐心”等等。

2. 冻结游戏。整个一天，或者一节课，队长（可以是老师，家长或孩子）不断喊出“冻结”。参与者不仅冻结脑子，还要冻结自己的身体，来查看自己的思想和情感。看它们是否能够让我们变得快乐、平和。问问他们是否愿意自己的思想在他们的脑子里冻结，最终冻结在他们的身体里。他们也开始能够意识到那一瞬间自己的体态和面部表情。这能说明什么问题呢?

可以借助很多方法向孩子介绍这个游戏。小一点的孩子可以先玩木头人的游戏，慢慢理解冻结的概念。当队长说出“冻结”的时候，每个参与者要像一尊尊雕像般一动不动。可以用冷冻食物或者硅化木来向孩子介绍这个概念。亚布拉罕·林肯曾经说任何一个成年人都应该为自己的颜面负责。现在已经有了一整套的人格学来支持这个观点。如果你掌握一些这方面的知识，就可以向孩子展示一些照片来说明思想是如何冻结的。

3. 科学游戏。一整天保持安静。为了得到更加深刻的认识，这一天要和家人与朋友待在一起。就像前面提到的那个游戏那样，我们去聆听我们自己的思想，去聆听其他的人和事，尤其是要聆听我们自己的心声。我们需要明白是什么东西将我们与其他人分开，是什么东西让我们不爱自己。我们会明白我们的交流很多时候是非口头的。记

词汇列表（按拼音顺序排列）

好学的	坚韧不拔的	热情的	有活力的
安静的	健康的	热心的	有决断力的
安稳的	精彩的	仁爱的	有耐心的
包容的	警觉的	善解人意的	有能力的
博学的	可靠的	善良的	有趣的
不寻常的	快乐的	神圣的	有活力的
超级棒的	宽恕的	生机勃勃的	有天赋的
成功的	乐观的	胜利的	有雄心的
诚实的	乐于助人的	视力不错的	有秩序的
充满欢乐的	令人赞叹的	思维敏捷的	有学问的
聪明的	令人振奋的	体贴的	有眼光的
大方的	满怀希望的	甜美的	有用的
独一无二的	美好的	完美的	愉快的
负责任的	明智的	完整的	仔细的
富有的	能力强的	喜气洋洋的	真的
富裕的	年轻的	想象力丰富的	整洁的
感恩的	漂亮的	效率高的	正确的
高贵的	迫切的	兴奋的	直觉强烈的
好的	奇迹般的	幸运的	值得信赖的
好问的	强壮的	意气风发的	忠诚的
合群的	俏皮的	勇敢的	钟情的
和平的	青春的	优秀的	庄严的
很棒的	轻快的	优雅的	壮观的
欢快的	清醒的	幽默的	自由的
积极的	热爱生活的	有创造力的	组织良好的

住：外在的沉默就是为了塑造内在的平静。在我们的嘴巴停止讲话的时候，我们不想再继续和我们的心灵对话。

4.“最让你开心的想法”。这是一个老少皆宜的用于开拓视野的游戏。参与者们写出几种适合于该年龄组的快乐想法（学校活动、旅行、工作、运动、健康、人际关系、财务、问题的解决方案等等方面），每个方面写一条。

现在让参与者每次抽取一个想法，让这个想法变得更加令自己开心。不断地让孩子思考让这个想法更好的其他想法。你可以这样说“想想你最大的想法——现在让它变得再大一些。”这是扩展想象力和激发创造性思维的一种方法。有时候没有必要写下来，把这个当成一个有趣的拓展想象力的练习吧。有人说做大事比做小事更简单。大钟表消耗的能量还不如小钟表多一些。大的想法不仅仅会从我们自己身上，也会从别人身上调动更多的热情和能量。所以，要鼓励孩子去相信和思考更大的东西。

可视化练习

可视化最初是想象力的一种技能。这个工具用于推进显现的过程。这对于从事与光线有关的工作的人来说，是一种非常重要的技能，他们利用各种不同颜色的光线以及其他一些符号开展治疗工作。许多人从事与紫罗兰火焰、三倍火焰、白光，以及其他一些将符号、颜色组合等方面相关的工作。辐射技术的部分工作是通过可视化符号来完成的。甚至有些小孩子都开始学习如何用可视光治疗身体的病症。比如，身患重大疾患的孩子通过学习相关技术，可以看到白细胞对红细胞的攻击，将大脑从脑袋里取出以及放回去的过程。

有人预测，这种可视化的技术将来会被频繁地运用到学校中。在运动和治疗领域，可视化技术一直被认为是宝贵的工具，这是因为我们富有创造力的潜意识弄不清真实世界和生动的虚构体验之间的区别。现在在学术领域图像技术已经被用于理解和保留记忆力。一场虚拟的对过往历史事件或者异国他乡的引导性旅行，比普通教科书学习的震撼力更强，更加能够调动学生学习的积极性。

“可视化”这个词语让人迷惑，引导着那些无法看到大脑中画面的人对此作出理解。其实不用非得亲眼见到脑子里的画面，只需要有个感觉或者印象就可以了。如果孩子可以回忆起她在自己的卧室里躺在床上，以及昨天晚上晚餐的盘子，或者可以回忆起自己正在吃着自己喜爱的食物，她其实已经在做可视化的行为了。

下面有一些简单的方法可以让小孩子意识到自己的这种可视化行为。

1. 少了什么？找一个托盘，上面放上几件不同种类的小物件。让孩子仔细看这个托盘，然后用一块洗碗布把餐盘遮盖起来，并从中取出一件物品，让孩子说出其中少了什么。为了让这个游戏更加具有挑战性，可以在托盘里多摆放几件物品。

2. 新的角度。从托盘里拿出一件物品，让孩子从不同的角度看一看。要从简单的物件开始，让孩子变化一下颜色（比如：把苹果看成金色或者紫色）。接下来，你可以想象用不同寻常的方式使用这些物品（比如：想象自己从托盘中取了一把汤匙，并用它裁开一张红纸）。让孩子们把这个物件变成其他的东西（比如：举起一个柠檬，让孩子把它变成一头猪）。

3. 街区散步。对于小一些的孩子，开始进行可视化练习的时候可以让他们在附近看一看哪些场景是熟悉的，包括自家的房子、院子、宠物等等。

4. 水滴。让孩子找到水滴的感觉，然后引导他们想象自己随着水滴运动。你可以从瀑布上择取一滴水，然后流入小河，流入池塘，流到布满石子的沙滩上；让水滴蒸发成云朵，变成雨滴落到一棵雏菊上，这棵雏菊正倾斜着从水塘边上长出来；等等。

5. 光的可视化。先点燃一支蜡烛，观察火苗。让孩子在脑海里想象出大火在壁炉里燃烧的场景，然后想象户外的篝火，之后火焰的颜色发生变化。让他们想象：火是冷的，他们正站在大火的中间；将冰凉的火苗变成紫色，让这凉爽的火焰烧过他们的身体，将他们那些消极的想法和记忆一并烧毁。

你的想象力越是丰富，想象出来的东西越多。

6. 字母表蛋糕。你要用这些字母表中的字母来刺激自己想出更多新品种的蛋糕。从字母A开始，想象一下苹果酱蛋糕（applesauce cake）和芦笋蛋糕（asparagus cake）（都是A开头）会长成什么样？味道如何？你会怎么做这种蛋糕呢？你会用芦笋的茎还是用芦笋的汁？只要孩子愿意可以从头到尾把字母表详尽地考虑一遍。

请记住，每个人的画面感并不一样。不应该让任何孩子感到自己不如别人，看不到绚丽的色彩和详尽的细节。鼓励孩子进行可视化训练，但是允许孩子之间有所不同。

改造装备活动

改造装备是孩子们可以自己在班里做的一种活动，并不需要多少花费，因为用的都是一些可以丢弃的物品，这些东西可以让各个年龄段的孩子连续开展几个小时的创意活动。

你肯定希望每个孩子都能参与到装备改造的活动当中来。如果想在教室里做这个活动，可以让孩子从家里带来一些容器以及其他需要用到的物件。容器可以是带塑料盖子的盛放坚果或者相机底片的盒子，或者比较大的奶酪纸盒，亦或者其他能够装下一些小物件的容器。用到的物件就是普通家庭、学校以及办公室中弃置不用的一些物品。在这个活动过程中，也间接地向孩子灌输了节约和循环利用的理念。注意不要使用那些单薄的东西，比如纸和织物，这些东西要么不安全，要么不结实。

下面是一些可以用作装备改造的物件。

玩具部件	线轴	螺母和螺栓
游戏贴图	抓子游戏	发夹
钢笔部件	钉子	条状发卡
钥匙环	钥匙	羽毛
牙刷	纽扣	圣诞装饰物
鞋扣	合页	滴眼管
电池	玻璃粉	胶片、胶片盒

在孩子们最开始学着进行装备改造活动的时候，他们想要一些松散的时间来探索和发现。他们会尝试各种方法发现这些东西之间的关联。他们可能会将这些物品按照颜色、材质、功能等进行归类。他们可能尝试一下，看看到底这些东西可以用来做什么，是做一台机器还是做一件艺术品。你可以观察自己的孩子在得到这些材料和探索的自由之后的行为，能让你获益匪浅。

快乐按钮游戏

给你一个任务，为你的孩子设计一个符合他们年龄特点的名为“快乐按钮”或者“喜悦按钮”的游戏。让他们一按这个快乐按钮，就能够变得快乐。

或许你想要给孩子发一些便利贴纸，孩子们可以将其粘贴到自己的额头上。一天之中，总有一些小憩的时刻，这个时候就可以鼓励孩子按下自己的快乐按钮。或者也可以将快乐按钮当作一个创新装置放在孩子的床头，每天孩子起床前，就可以按一下快乐按钮，给自己新的一天注满喜悦。

或许你自己也可以将这个喜乐按钮带在身上，当孩子想要看到你微笑时，他们就可以走过来按压一下这个按钮。想一想，你还可以在身上带上拥抱按钮、亲吻按钮、听话按钮。当孩子有任何一种需求时，他们就过来按下相应的按钮。孩子们每天按这样的按钮总比按那些让我们整天提心吊胆的按钮好很多吧。

运用你的想象力，为自己量身打造一个快乐按钮游戏。还可以配上一首快乐按钮的歌曲或者合唱。

亲近自然活动

离开大自然就意味着离开了快乐。

——萨弥尔·约翰逊

融入自然，发现自然之序能够唤醒我们自身沉寂的天性与静谧。在户外度过一段静谧的时光能够让我们亲身感受大自然。

与大自然建立联系，可以让我们感到舒适与安全，带给我们一个探索这个世界的场所。若不加限制，孩子在七岁的时候就可以融入自然了。不幸的是，现在人类所融入的不过是这个人为的世界。即使他们走出家门，走入自然，也会带上一些“家庭用品”来供自己娱乐——电视、收音机、音箱、自行车等等。

与自然相处——聆听与观察——是直接感受宇宙的自然、平衡、有序、无穷以及静谧的一种很好的方式。随着我们对自然观察的深入，我们会发现自然的那种令人难以置信的次序，这种次序唤醒了我们的喜悦感。我们意识到了比我们自身庞大得多的一些东西，而这些东西又是我们自身的一部分。

让我们将探索大自然的自由还给孩子们，但是也要教育孩子对这个过程抱以尊重——观察自然，但是不要干涉自然。大自然带给我们舒适与滋养。你有没有注意到置身户外对于我们身体的恢复有多大的帮助？在孩子不开心或者想要逃离的时候，你可以鼓励孩子走进大自然，欣赏白云飘飘，繁星满天，或者蚂蚁搬家——又或者仅仅是走走。他们看待世界的视角肯定会发生变化。

1. 心灵漫步。建议孩子进行心灵漫步，让孩子学会欣赏大自然——花朵，叶子，植物，鸟儿和鸟鸣，山脉还有云彩。一位伟大的导师说，对大自然的这种欣赏可以释放我们内心自然天性的喷泉，可以带给我们平静与健康，培养孩子对任何形式的美的欣赏。萨利德日说：“孩子身上一切的消极因素都可以通过为孩子提供一些欣赏世界的机会来加以改变。”

若想要帮助孩子专注于一些点滴的美好，可以给每个孩子一个厕纸的卷轴。孩子通过卷轴来观察外界，就可以帮助他们注意到这些不易察觉的美好，否则可能会被忽略掉了。

2. 蒙眼散步。“蒙眼游戏将我们的思想从自我偏见中移离出来，并解放我们的意识，让我们拥抱周围的这个世界。”在这个游戏过程中，蒙住眼睛让人们通过触觉、嗅觉以及听觉建立一种自然意识。因为孩子们需要结对做游戏，轮流蒙上眼睛，所以彼此的信任感也就培养出来了。

在练习之前先将界限划分清楚，每隔十分钟交换一下角色。队长引导自己的搭档去触摸一些有趣的物件，将他带到有趣的声音和味道的前面。告诉队长要注意圆木、低矮的树枝等等。游戏最后可以让孩子们闭上眼睛坐在一起，彼此分享体验到的声音、气味以及材质。

3. 找到自己的树。

（1）孩子们两人一组。被蒙住眼睛的搭档被引领至树林中某棵树的前面，让这个被蒙住眼睛的人感受树的独特之处。在一旁观察的搭档可以给出一些建议，比如：摸一摸树叶，抱一抱这棵树，触摸一下树上长的植物或者苔藓等。然后将被蒙住眼睛的人由另外一条路拉回起点。将眼罩揭下，让他再去找到刚才那棵树。

（2）在这个版本中，顺序刚好相反。孩子们两人一组。令其中一个孩子选择一棵树，不戴眼罩地熟悉这棵树。然后，二人回到起点，轮流把眼睛蒙上，由搭档牵着转几个圈。然后，蒙着眼睛的孩子在搭档的陪伴下，尽力寻找刚才那棵树。

在以上两个版本中，都是树被找到之后，两人交换角色。孩子们可以画画或者涂鸦以提醒自己这段体验，这种体验几乎可以改变他们对于树的感觉。

4. 石块游戏。这个游戏适合学前孩子。蒙住眼睛的孩子们围成一个圈坐在一起，给每个人分一块石头，每个人分得的石头大小和形状都不一样。当每个孩子都摸清楚他们的石头之后，打开眼罩，让孩子找到自己的那块石头。树叶、花朵、贝壳和橘子等都可以用来做这个游戏。

5. 赤脚散步。带着你的孩子去大自然中赤脚散步。最近，我和一名大力倡导去户外赤脚散步的女士聊天。因为她住在亚利桑那的里弗斯山大自然学校，大部分时间她都可以光着脚丫。下面是她和其他人认为赤脚散步是一种有意义的活动的理由。

★ 打赤脚让我们能够与地球的律动保持一致，这样的话，在地球与我们的双脚之间就不再有阻碍能量自由流动的东西。

★ 赤脚散步通过直接用脚接触大地，可以使我们吸收来自地球的各种矿物质，它们是净化生命的给养和精华。

★ 据反射疗法证实，脚底有一些能够与我们所有的器官相关联的穴位，当我们赤脚走路的时候，它们都可以获得一些好的信息。

★ 赤脚走路让我们头脑清醒，因为如果我们不能够清醒的话，我们会受伤。它让我们保持“活在当下”的知觉。

★ 赤脚走路可以培养耐心，因为很多地形都不允许我们走得太快。

6. 安静地散步。默默地在大自然里面散步是赤脚散步的一种有益补充。当跟其他想法一致的人分享经验的时候，这将会是一种特别有意义的体验。它使我们能够与大自然以及我们的散步同伴相协调。

康奈尔说，“通过默默地观察自然——植物、动物、石头、土地和天空，我们发现了我们自身与我们见到的一切之间的相关性。”

7. 欣赏云朵。为了鼓励学前孩子的云朵意识，在出去观赏真正的云彩之前，用白纸剪出不同的云的形状，并将其黏贴在法兰绒的板子上。年龄大一点的孩子和孩子气的大人都爱将这样的云彩吹跑。

8. 激活星光。让孩子在夜晚走入星光之中，想象着为了清理并重新激活它们的能量，将星光拉回体内。如果孩子有困扰自己的问题，鼓励孩子在星光里冥想这一问题。额外的能量可以让脑子变得清醒。给孩子一些时间，让他们可以凝望夜空，熟悉一下黑夜里头顶上的这片天。

9. 大自然的五平米。让每个孩子选择一块5平方米的土地，并对其展开全面的研究。当孩子发现全新的世界时，简单的显微镜或者放大镜都可以让这个探索充满快乐。显微镜还可以刺激孩子通过绘画将其有趣的发现记录下来。用显微镜研究池塘里的水也是很有意思的一项活动。

10. 天然水族馆。我有个朋友和我分享了她在年少时在水族馆里长时间获得的无限喜悦。她在一个水塘里养满了各种生物——鲦鱼、蜗牛、水螅以及各种植物——当池塘达到生态平衡的时候，她就观察它们。她在小池塘盖了一块玻璃，这样池塘就不会流失水分了，并且下雨的时候雨水还会流进来。蜗牛让玻璃干净透明，植物可以向水中注入氧气。她一年之内根本不需要给这些鱼喂食。了解自然界的平衡是让人深感喜悦的。

11. 与大自然融为一体。无论在室内还是在室外，让孩子们静静地坐下来，仔细观察一株植物。可能是一盆仙人掌，一枝玫瑰花，也可能是一棵树——总之任何东西都可以让孩子观察。引导孩子进入深度放松状态，比如用深呼吸法。接下来，让孩子把自己的意识迁移到植物上面。他们可以把自己想象成微生物，顺着植物的茎或者树干往上爬。问问孩子看到了什么，以及感觉如何。你可以以任何的生命形式做这种活动，比如可以把自己想象成蘑菇、昆虫或者小动物。许多人由此获得的发现甚是惊人。

12. 园艺。对于孩子而言，如果能拥有自己的一个花园，那将会是一种快乐的、充满价值的学习体验。当看到第一颗种子冒出地面，当看到第一朵花儿含苞待放，当吃到自己花园里收获的第一粒豌豆，都将是一种真正的快乐体验。孩子们通常认为自己花园长出来的蔬菜比在杂货店买到的蔬菜味道要好很多。

园艺活动可以让人变得更有耐心，但是要选择便于培育的植物。孩子的兴趣会随着他们眼中植物的变化得以延续。种上几平米的蔬菜。为了更快地见到成效，可以将蔬菜或者花进行移植，当然这要看孩子愿不愿意。在移植的时候，可以向孩子介绍根系以及告诉孩子要仔细处理植物的根。去除杂草最好及时一些，并且需要大家一起动手。

将孩子的花园开辟在阳光充足、灌溉方便的地方。地块不宜过大，便于孩子独自维护——面积大约3平方米，或者再小一点也行。对于小一点的孩子来说，可能需要家长帮助他们准备好土地，整理好地陇。由于园艺这个话题包含了太多的内容，建议你去当地的苗圃求教吧。

在放松的状态下，步入自己的内心，回忆一下你与大自然之间的一些喜悦经历。将这些分享给你的孩子，让它唤醒孩子们想要了解大自然母亲的欲望。

Putting It All Together

Part Three

第三部分

教与学的整合

雕刻家

有一天我拿了一块粘土
漫不经心地塑造它，
当我的手指按压几下，
它会按我的意愿变化。

几天后我回来看，
这些粘土变硬了，
仍然是我当初塑造的样子，
而我再也不能改变它。

然后我重新拿起一块粘土，
一天一天温柔地塑造它，
用我的力量和艺术，
塑造这个孩子柔软和温顺的心。

多年后重逢，
他已长大成人，
他也是当初的样子，
而我再也不能改变它。

第十一章 释放天性备课计划

——教学课程案例

家长，特别是老师都想要以课程计划的方式思考问题。一个概念或原理如果以多种方式加以理解会更容易被记住。理想状态下，根据人文价值的教育程序，一个人文价值的课程最好是围绕一个故事，包括一幅完整的图片、一个为加强记忆的引言、一首触动内心的歌曲、一段美好时光，来准备功课或反思所学内容以及其他相关活动。下面的教学课程案例，你可以随意选择喜欢的方式并创造性地使用。

课程1：评判陷阱

警句：评判往往包含排斥因素。

故事：一幅完整的图片

吉尔开门请进另一位客人，所有人目光都转向门口。

“生日快乐，吉尔。”莎莉边放礼物边说。她走进房间和其他人坐在一起。

“人都到齐了，”吉尔对妈妈说，“赶快说说你为我们设计的新游戏吧。”

一个女孩提醒吉尔，“玛丽塔还没来呢。”

“哦，我没邀请她，”吉尔说完就转向妈妈，“我可以帮你发图片吗？”

她给每个孩子发完奇形怪状的图片，还剩下一张。她知道妈妈给玛丽塔也剪了一张。吉尔希望别人都没看见，把图片递给妈妈，说：“我想您也要一起玩吧？”

每个人都忙着看自己的图片。贝基高高举起自己的图片对大家说：“我的是米老鼠。”

“这不是看图说故事的游戏。至少现在还不是。”吉尔的妈妈解释说，大家手里的每张图片都是从一整幅图上剪下来的，“这个游戏的目的是猜一猜这一幅完整的图片是什么。如果你说出来自己的是什么，其他人猜起来会容易一些。”妈妈解释说每个人看着自己的图片然后写下来整幅图片是什么，“我们看看谁猜的最准。”

贝基写得最快，然后不耐烦地跺脚。

莎莉思考了一会儿，然后开始写，直到贝基想看看她是否在写故事。

安德莉亚是最后一个完成的，但是第一个报告了她的猜测，“我的图片上是一个拿着相机的男孩，所以我猜他正在拍摄米老鼠的电影。”

莎莉的图片是一座城堡，“我确信图片上肯定有一个公主。”

“我确信这是一个狂欢节，”贝基说，“我的图片上有一个旋转木马。”

当所有的图片加上剩下的那张拼在一起，贝基尖叫：“迪斯尼乐园！是迪斯尼乐园！”

当所有的孩子回到自己的座位上，莎莉还站在桌旁。她若有所思地说：“当你只有一部分图片是很难想到整幅图片是什么的。”

吉尔听到安德莉亚跟贝基说悄悄话。贝基看着吉尔并点了点头。她们在说什么？她们是在想我为什么没邀请玛丽塔吗？吉尔开始觉得脸发烫，但并没在意。她脱口而出：“她又没邀请我去她的聚会。就是这个原因。”

“什么聚会？玛丽塔从没举办聚会啊，”贝基看着其他人说，“她没有，不是吗？”

所有的孩子都点头。

“有一天我经过她家，”吉尔辩解道，“很多人在她家院子里玩。就像是个聚会，还有气球呢。”

安德莉亚解释说：“她说过她表哥从科罗拉多来看她，她很开心。我猜你看到的应该是她的表哥。”

莎莉说：“你只看到了图片的一部分。”

吉尔感到很不好意思，“那我该怎么办？没有玛丽塔我很不开心。是我搞砸了一切。”接着就跑出去了。

不一会儿她擦着眼睛回来了，问：“如果我现在去找她，她会来吗？”

“我跟你一块去！”莎莉自告奋勇。

“我们一起去！”贝基喊道。

吉尔向玛丽塔道歉。莎莉向玛丽塔保证这一切都是误会。安德莉亚和贝基也在劝玛丽塔。

“但我没有准备礼物。”玛丽塔解释说。

“只要你来就是最好的礼物了。”吉尔说。

“那好吧，请等一会儿，”玛丽塔转眼不见了，接着拿着一个袋子回来，“我没有包装纸，但我相信你会喜欢。”

玩完套圈和寻宝的游戏后开始吃蛋糕了。接下来拆礼物。因为好奇那个袋子吉尔先拆了它。

是开玩笑吗？或者是玛丽塔想报复吗？袋子里就是一块普通的破石头。

“是什么？我们想看看，”贝基还是没有耐心地喊，“递过来。”吉尔想：“我该怎么办？她们会怎么说？以我的所作所为，我是活该。”

当她把手从袋子拿开，阳光透过窗户照到石头的一边。“好漂亮！”她看到石头里面紫色的水晶忍不住大叫。

“这是什么？”

“晶洞，”玛丽塔解释说，“希望你喜欢。”

“当然。”吉尔打开其他的礼物并一一致谢，然后回到晶洞旁，“没人会想到一块平凡无奇的石头里面是如此地漂亮。”

当孩子们传递着晶洞并发出“太棒了”、“好漂亮”、“好极了”的呼声时，吉尔在回味今天发生的一切。我学到了不要从外表判断，也会永远记得只有部分图片是无法展现整幅图的。

静默：建议思考重点——在没有全面了解事实的情况下，我怎么就对一个人或一件事做出了评判？

讨论：

1. 说出生活中在没有做全面了解的情况下，对人或事进行判断的例子。

2. 你的生活中有没有缺失部分事实的情况？你还要想了解什么？

3. 想想有没有人做出过这样的判断：

本来可爱的东西说成不可爱；

本来正确的事说成是错误的；

本来美好的事说成糟糕的。

相关活动：

1. 蒙眼看电视。

这个活动对那些习惯根据外表判断别人的孩子会有作用。蒙住孩子的眼睛，打开电视调到不熟悉的台。让他们听一会儿然后猜里面的人长什么样子。向孩子解释盲人眼中没有丑陋的人，因为他们不是用眼睛而是用心在看，用心能发现人的内在，这往往是美好的。还可以讨论在一种文化下或一段时期内被认为美好的东西，当时过境迁、斗转星移，人们对它会有不同的看法。

2. 透过窥视孔观察。

给每个孩子一个纸巾筒，或者让他们用铅笔在纸上戳个洞。让他们通过纸筒或小洞观察房间，看这样能看到多大面积。让他们注意到通过这些获得的视野是多么有限。向他们解释看待别人的视角就像用窥视孔看房间。让他们离近看着对方，他们只能看到对方的一部分。由于我们认识的局限性，我们无法准确全面地判断人或事。

课程2：专注所需，忽略其他

警句：头脑中的思想经过无数次的重复就变为现实。

故事：让人着迷的生活

嘭！一个小精灵从天上直接掉进了一个拥挤黑暗的虫茧里。她打招呼说："你好，我是艾瑞。"这只马上将变为蝴蝶的毛毛虫掩饰不住对这位不速之客的怨气，因为挤得它都快没地方了。

它从墙边挤出脑袋看着她说："你好，我是毛毛虫库恩。"

艾瑞挤进去看着它："我刚从这儿飞过，看见你从茧里鼓出来。如果你想出来我可以帮你。"

这狭小的空间因毛毛虫的爆发而颤抖："出去！我受够了每天蜷缩在这里。我的身体一直变大，头疼，脖子僵硬，双腿麻木没有知觉。这里让人压抑。"

"对不起，"艾瑞轻轻打断它，毛毛虫嘴巴紧闭，"你只告诉我你不想要的东西。如果愿意你可以接着说，我仍然爱你。但你看起来很不开心，我想帮你。要知道，还有另一种看待事物的方式和生活的魅力。"

她停下来。毛毛虫感觉到她是在等它。这一切看起来像童话里的谈话，但她从天上来，她能飞，她似乎是可靠的。也许这是可能的……

"你接着说。"它催促说。

艾瑞笑着说："上帝的唯一回答是可以。对于你的任何想法上帝都会说可以。他听不到'不'、'不行'或'不能'。

当你说你不想呆在这个茧里面，上帝没有听到‘不想’，只听到了‘想在这里’。他回答‘可以’。”

毛毛虫竖着脑袋认真地听，艾瑞跳到了一边说：“告诉我你真正想要的，库恩。大声地说，上帝会回答‘可以’。”它到底想要什么？它想得头疼，于是又换个角度。从没有过的。确实很难。

“我想要什么？嗯，要是能再看看外面的世界也不错。让我出去。或许我可以试试我的翅膀。你觉得呢？”

艾瑞静静地说：“你想要什么？”

“噢，”它眨着眼睛，“我知道很多不想要的。好吧，我想离开这里，我想试试我的翅膀能不能飞。”

“你想要什么？”艾瑞再次问道。

（大声地）“我想离开这个茧。我想飞！”

“你打算怎么做？”

毛毛虫深呼一口气：“我要摆脱这些东西！”艾瑞抓起它的手说：“好的，我听见了。出发！”毛毛虫和小精灵一起使劲，加上上帝的力量，踢开了茧。

宽敞的空间，光明，美好，五彩缤纷！

艾瑞和毛毛虫落在一片叶子上，看着它住过的虫茧掉到地上。阳光有些刺眼，毛毛虫用它那依旧潮湿的翅膀挡住眼睛，另一只翅膀搂住艾瑞。

“谢谢你帮我，艾瑞，”它对着艾瑞说，然后转向天空，“谢谢上帝说可以！这些很简单。我原来在怕什么？没什么可怕的！”毛毛虫闪着幸福的泪光。

艾瑞冲它笑着说："是的，很好玩。"

"跳到我背上来，艾瑞，我带你飞。我想飞！"毛毛虫兴奋地喊道。艾瑞毫不犹豫地爬上毛毛虫的背。它扇动翅膀，让它们变干。他们飞远了，把一切抛在脑后。他们忙着充满魔力地生活，在天空尽情地玩耍庆祝。

静默：建议思考重点——想象自己想要什么都可以得到，然后再去看待和评判事情。

讨论：

1. 今天你关注的是什么？最后时刻关注的是什么？

2. 你想要什么？

3. 要得到这些你要做些什么？

4. 你不想要什么？

5. 想想这个故事里的原则怎么能够融入你的生活，或者是怎样融入的。

相关活动：

1. 歌曲提示活动。

小孩子会很喜欢这个活动。你一边唱歌（我们全神贯注的力量在扩张），他们一边做游戏。拿一个碗倒入一半水，加入洗涤液。让孩子们轮流用吸管吹碗里的水，这样会吹出泡泡。随着吹入的空气的增加，泡泡越变越大，甚至会溢出碗边。与歌曲联系起来，让孩子们明白是注入的空气形成了气泡膨胀。

2. 吸引我关注的东西也在吸引着我。

这个活动有助于大点的孩子加深对故事的理解。让他们在一张大的图画纸中间画出一个自己，然后可以围绕这个“自己”画一些符号、人物，写出一些想法、情景，好坏都行。让他们画一些线，连接“自己”与那些符号，这些线叫作“关注”。由于自己会成为所关注的，如果连接的是他们不想要的，可以切断这个关联。告诉他们在生活中如果发现自己关注的是自己不想要的，也可以从脑海中切断这种关联。

3. 可视化练习。

让所有参与者关注一件最好的事，然后共同想象需要什么，而不是不要什么。可以想象一个美好的家庭，甚至世界和平。

课程3：感恩的心态

警句：感激不仅是最好的美德，而且是其他品德的根源。

故事：一个人的礼物，大家的礼物

（这个木偶剧强调了人的整体性，从新的角度诠释了接受与给予。本剧适合初学木偶剧的人操纵两个木偶，也可根据不同的观众加以改编。）

人　物：赫尔曼（嘴会动的木偶），凯蒂（嘴和手都会动的木偶）

道　具：一个包装精美的盒子，跟木偶差不多大小

启幕时赫尔曼站在盒子旁边认真查看。

赫尔曼：噢，太好了，太好了！可能是给我的礼物吧。里面是什么，你知道吗？（他倾身问观众）

凯　蒂：（入场）不，赫尔曼，那不是你的礼物，只是一个空盒子——一个象征你每天收到的礼物的盒子。

赫尔曼：你什么意思，凯蒂？我没有每天都收到礼物。你有吗？（他看着观众）

凯　蒂：难道只有从商店买的或包装精美的才是礼物？

赫尔曼：也许不是吧。

凯　蒂：想想你希望得到的礼物——不是买来的或包装精美的。

赫尔曼：哦，让我想想。我喜欢别人欢迎我，比如邀请我参加聚会，或带我去一些特别的地方比如电影院或滑冰场。

凯　蒂：这不是每天都发生，对吧？想想你每天都可以收到的礼物——比如拥抱，拍肩或是赞扬。

赫尔曼：当然。让我想想。大家帮我一块想。（倾身拜托观众。如果观众没有回应，他可以说：微笑；有人倾听；帮忙解决问题；祈祷；吃的东西。）

凯　蒂：看吧，是不是每天都收到很多礼物？

赫尔曼：是的，但我从没想过这些也是礼物。

凯　蒂：我还有一个惊喜给你。你每天收到成百上千的礼物。你并没有真正了解这些礼物，但你的大脑了解。

赫尔曼：你什么意思？

凯　蒂：这是一个天大的秘密。没有几个人知道。我们在某种程度上与地球上的其他人是相连的。

赫尔曼：哇哦！

凯　蒂：每天成百上千的人给彼此送礼物。这些礼物对你我来说同样是祝福。世界上的欢乐幸福越多，我们就会感觉越幸福。

赫尔曼：是不是说当我在学校帮助了一个人，其他地方的孩子就会感到幸福一些？

凯　蒂：是的，每次你对一个人表达爱的同时也是祝福了其他很多人。

赫尔曼：太好了！哇！现在我明白了“四海之内皆兄弟”的意思了。我们都是兄弟姐妹，因为我们都是上帝的一部分。

凯　蒂：你明白了，赫尔曼。有一句话我用来提醒自己：今天我要为我送出和得到的礼物表示感激。这真的让我感觉很好。

赫尔曼：谢谢你的这个主意。这又像是一个礼物，对吗？我也要把这贴在镜子上来提醒自己。“今天我要为我送出和得到的礼物表示感激。”

凯　蒂：大家愿意跟我一起说吗？（看着观众重复这句话。）谢谢大家。

赫尔曼：跟我一起说：“今天我要为我送出和得到的礼物表示感激。”谢谢，再见。（退场）

凯　蒂：等等我，赫尔曼！我要把这个象征收到礼物的盒子送给你。（推着盒子下台）再见！（退场）

静默：建议思考重点——想一想孩子特别感激的东西。

相关活动：

1. 感激意识。

一个法国谚语这样说，“感激是心灵的记忆。”让孩子们想想他们要感激什么，并记下来。如果可以分享给大家。

对于年龄稍大的孩子，建议他们开始写感激日记，可以在任何时间，写在任何本子上。我个人喜欢在睡前写，这样我就以关注积极的事情结束了这一天。

2. 直观类比法。

感激会变大。让孩子们在一张纸上用很小的字体写下感激的话，用放大镜去看。向他们解释感恩的心态会放大或增加我们的美德。（我们全神贯注的力量会扩张。）

一个直观的类比法就是用一碟沙子代表我们的一天，沙子里的铁屑代表祝福，一块磁铁代表感恩的心态。一个拥有感激心态的人，可以在一天中吸收很多的祝福，就像磁铁可以吸附铁屑。一个不愿感激的心灵就像用手指搅拌沙子找不到任何铁屑。

3. 感谢信。

鼓励大点的孩子写感谢信。可以探讨写感谢信的一些常见或特殊原因。让他们列出想要感谢的人并定下写信的日期。

4. 礼物盒。

让每个孩子准备一个礼物盒提醒他每天送出和收到的礼物，放在自己的房间。让他们在纸上分别写出他们希望送出的方式，然后放进盒子里。建议他们每天随意选出一张并付出行动。可以参考以下例子：

善良友好的想法；一张交换援助的票；真诚的赞美；主动做一件讨厌的杂务；忽略一个无理的言论；匿名做好事；打扫房间；祈祷；丢个硬币让别人捡；分享梦想；微笑；感谢信；做一张有趣的卡片；说可以；拥抱；遛狗；讲笑话；唱歌或吹口哨；保守秘密；与植物对话；演奏舒缓的音乐。

5. 公告牌或展板。

在上面放上礼物盒，用线连接盒子及代表每天送出与收到的礼物的文字或物品。

课程4：服务带来的喜悦

警句：只有那些知道如何服务别人的人才是真正快乐的。

故事：帮助有困难的人

一个傍晚一位盲人弹着竖琴，边走边唱。他曾经是一位优秀的歌唱家和竖琴演奏家，但现在老了，也看不见了。他甚至一天挣不到一顿饭的钱。突然，他滑倒在地，三个年轻人经过，扶起他和他的竖琴。其中一个年轻人说："我们带他回家吧。"

第二个说："虽然这很简单，但并不能解决问题。"

第三个说："我们必须做些真正能帮助他的事。"

第一个说："振作起来——我们要帮你。"

第二个年轻人拿起竖琴开始演奏。

第三个开始在竖琴的伴奏下唱歌。很快在他们周围聚起了很多人。他们唱得很好听也非常感人，周围的人都纷纷把钱扔进了第一个男孩拿着的帽子里。一小时过后，众人散去，年轻人数好钱给了老人。

老人非常高兴，流下了开心的泪水："我该如何感谢你们？能告诉我你们的名字吗？"

"我叫信念。"

"我叫希望。"

"我叫热爱。"

年轻人说道，"爷爷，我们现在可以走了吗？"老人明白了。他认识到了自己的错误。要是他没有失去信念、希望和热爱，还会是现在这样吗？这些年轻人给这位老人上了多么好的一课！

静默：建议思考重点——想象自己以不同的方式服务别人（家人、朋友、陌生人）。

相关活动：

艾尔说："想教会孩子爱别人，首先要教给他们如何服务别人。"关于教给孩子分享和服务的喜悦，有以下三个建议。

1. 建立良好的服务、帮助别人的传统。

经常帮助有困难的人——那些开车中途没油的，问路的等等。让孩子们明白要帮助别人。

2. 资助一个孩子。

有很多资助机构可以提供这样的机会，以适当的资助体验帮助有需要的人的乐趣。让孩子每月省出一顿饭钱给受资助的孩子。

3. 做好事不留名。

观察有需要的人，想办法让他们快乐起来。其中一个方式是帮助一个有需要的人但不留姓名。

"人格教育计划"中列出了一些孩子们可以做的服务项目，以下是给出的具体建议：

1. 记住学校同学们的生日。每月给本月过生日的同学举办生日聚会。

2. 看望养老院的老人。由于他们的生日往往被忽视，看望他们并送上生日祝福是善行善举。甚至一个小短剧或几首歌也会给他们带来欢乐。

3. **帮助生病住院的孩子。**有严重疾病的孩子要长时间住在医院里。收集一些故事书、图画书、游戏书和做手工的用品带给他们，寄去生日贺卡或节日卡片。

4. **与身体残疾的孩子交朋友。**与他们一起做游戏，做手工，给他们讲故事，交朋友。因为这些孩子通常没有机会与其他孩子交朋友。

5. **冬季给附近的鸟喂食。**

6. **培训紧急救助。**学会如何拨打报警、救火、急救电话。学会急救。

7. **回收报纸、玻璃瓶、易拉罐和塑料制品。**收集并带到回收中心，或者自己成立一个回收中心。

8. **邀请同学到家里做客，或共度周末。**

9. **给福利院捐赠设备。**那里通常没有足够的钱购买游戏、运动设备，甚至是孩子们的衣服。组织一次募捐，整理好送给有需要的人。

10. **募捐或制作玩具给智障的孩子。**玩具要简单安全。

11. **替年老或残疾的邻居铲雪。**清除社区消防龙头上的积雪。

12. **联系养老机构做义工。**那些独居的老人在做一些我们认为简单的事时都有困难。可以定期拜访他们，替他们购物，跑跑腿，写信或大声地给他们读书读报。

13. **进行一次清洁活动。**找一个垃圾遍地的地方进行清洁。不仅改善了环境，还清除了一个健康危害。

14. **提供食物给那些靠慈善机构养活的人。**募捐罐装、压缩食品以及洗漱用品，交给这些服务机构。

让孩子们添加他们想到的其他服务项目。或许有些服务项目可以马上在家里、学校或社区开展起来。

以上探讨的都是一些看得见的帮助——外在劳动。还可以教给孩子考虑看不见的——内在层面的帮助。无形的帮助源于我们的内心、我们的思想和关爱。孩子善于发出光芒来照亮黑暗，给予需要的人关爱。

无形的帮助还包括积极的祈祷，肯定的观点，送出快乐和微笑。鼓励孩子思考如何做到看不见的帮助。他们可以考虑把光明和关爱送给小动物或地球母亲。

探讨如何养成习惯每天做一些看得见和看不见的善行。根据孩子的年龄，可以试行一周或一月，享受其中的快乐。

第十二章

改变带来的惊喜

——帮助孩子应对成长中的变化

通过改变指导孩子……

改变是幸福、鼓舞和不断成长的最大来源。

它可以激励、治愈、鼓舞人，

给生活带来惊喜、希望和新的体验。

它让我们摆脱平庸，脱离虚假的安全。

——利奥·巴斯卡格里亚《通往天堂的9路公交车》

改变是自然界的基本法则。拒绝改变就是对抗自然。既然改变是不可避免的，我们的重要任务是让孩子准备好改变。为了帮助他们应对成长过程中可预见的改变，以及那些会对成长产生不利影响的难以预见的改变，我们要做些什么？

首先我们要牢记自尊的重要性。那些感受到自身价值和重要性，与父母相处融洽的孩子，能应对任何事情。对于这样的孩子，生存焦虑永远不是问题。

我们要牢记，他们拥有与生俱来的能力来实现他们生活中的计划与目标。他们为了生存而来。恰恰是父母、社会的一些限制性的想法妨碍了他们的成长。

我们对于改变的想法是有局限性的。由于我们的意识会传给孩子，我们想用一种哲学的观念欢迎变化。我们要坚信所有的一切都会带来好的结果。我们要培养感激的态度，相信万物皆有公理和善意，正是那些不愉快帮助我们快速成长。

建立这样一个关于改变的态度是种间接的方法。我认为也有必要寻求直接的方法。让我们着手传递给孩子们一个关于改变的理念。一位古代的导师说，新奇是快乐的来源。教会孩子用积极的态度看待世界上发生的一切。在所有的负面事件中找寻美好的东西，它可以是一场战争、一次飞机坠毁、一场疾病甚至一片烧焦的土司。这并不意味着我们没有同情心，这意味着我们要发挥想象力，看看其中蕴藏的美好。

即使我们选择把一切当作美好的，我们也不要向孩子隐瞒事实。不要试图隐瞒严重的疾病、死亡、离婚、破产等你生活中的危难，以及他们所面临的危险。如果他们知道是什么危险，孩子们可以应付生活。如果总是瞒着他们，让他们不知道是什么，只会使他们更难应对面临的危险。

观察变化和举止

观察每个孩子如何回应变化。不管需要的是一个小调整抑或重大的转变，都有助于了解不同的行为方式下对变化的感受。你怎样帮助他取决于孩子的性格，而变化产生的压力也会影响到他。

前面说过，你的孩子选择了以一定的身体状态、性格和气质来应对所选择的课程。他们的身体或气质仅仅是他们所选择的工具。

无论是什么样的行为方式，重要的是看到每个孩子都是有创造性的、机智的，要知道所有的方式都能应对变化。它们只是方法不同，这取决于他们的需求。

关于改变的灵活性这里简要回顾一下D、I、S、C四种气质类型。

D型寻求支配或控制。这种风格不仅欢迎改变，甚至积极地改变。D型的孩子认为任何改变都比没有改变要好。他们不喜欢在一个地方停留太久。D型的孩子是冒险家、探索者，能够很好地应对危机。D型的孩子能够应对自如，并能率先对付改变。

与D型截然不同的是S型，他们坚定，乐意给予支持，喜欢稳定，有安全意识，慢节奏，绝对抗拒改变。因为S型的孩子害怕失去保障，改变会威胁到他们。他们需要有计划地改变。当他们已经适应的情形要发生改变时你需要警告他们。

阿诺德说："安全感来自对宇宙的信任，相信它支持所有人和事。"

我自己的两个孩子是这两种行为风格的典型例子。我D型的女儿某天回家宣布她已经完成了第一次跳伞。她解释说，她只是需要一个新的挑战。由于这种变革和挑战的需要，二十三岁的时候，她已经有过三次较长时间的国外生活经历。

我的儿子，典型的S型，喜欢结构化的程序，没有突然的惊喜。如果我们打算出去吃饭，我通常必须提前几天告诉他。如果有足够的时间考虑，他通常不会拒绝。D型和I型的孩子会先同意，然后计算成本。

接下来是I型。I型的人是有影响力的，以人为本，非常乐观。他们喜欢多样性和自发性。他们随遇而安，欣然接受改变，但不像D型，他们不主动进行改变。

第四种是C型。他们认真并且谨慎。他们是思想家、分析者、质量控制者。他们需要知道改变背后的原因，这是很重要的。他们要确定变化是经过了思考的，并且是以正确的方式进行的。由于其控制和寻求秩序的需要，C型孩子会对意外变化感到不安。

我们没有一个是单一的风格。我们每一个都是四种的混合，以一个或两个类型为主导。

你和你的孩子越不像，行为方式的信息越有益。例如：你有没有因为你自身安全的需要阻止孩子进行挑战？许多人会在改变开始时安慰和引导他们的父母。

如果你有不容易接受变化的S或C型孩子，可以让他们练习面对一些意外的改变。在尊重他们个性的同时，帮助他们变得更灵活和适应性更强。可以试着为了全家都去医院看望一个朋友而推迟晚饭，或因为你要离开一天而让你的孩子呆在邻居家。考虑调整每日安排。提醒你的孩子，唯一不变的就是变化。

通过可视化的对比来解释的变化是成长的需要。例如，给他们的一小株室内植物，根部出现了问题，需要移栽。或用假的植物放在盆里，用一团线代表根。向孩子解释，根需要大量的土壤，但这些根太多了，几乎没有足够的土壤，需要把植物从原来的花盆中拿出来放入一个较大的花盆，否则它会停止生长。人就像是植物，有时他们需要更多的成长空间。可以把花盆比作孩子固有的思维方式。这些方法可以很舒适，但除非孩子走出了自己的舒适区，否则成长将受到阻碍，就像植物长大时生长条件不变，它的生长就受到阻碍。这对那些需要承担风险的孩子来说是有用的一课，如：加入童子军，去露营，或转到一所新的学校或搬到一个新社区。

每当出现令人不舒服的改变时，改变越是迅速地发生，人们就越容易接受。你可以通过让孩子使用创可贴来证明这一点。一个慢慢地揭开，一个快速揭开。让她感受一下痛苦的多少。这个道理不仅可以用于应对生活中不舒服的变化，也可以用在其他地方，比如孩子的抵抗（例如，家务）或延迟（例如，家庭作业）。创可贴的例子可以帮助她学会面对必须要做的事情，不去担忧或试图逃避。

留意压力表现信号

压力来自抵制的东西。要在改变的时候意识到不同类型的压力信号。每种类型会随着压力的改变而改变。紧张的D型孩子是专横的，但在压力的作用下，D型会逃避或退缩。在压力下，I型倾向于攻击，但当压力增大时，这种类型的孩子会变得顺从或服从要求。S型会放弃或服从，但压力增强时，他们会反抗。C型与D型相反，首先逃避或退出，然后越来越专横、独裁。

下面列出了一系列家长和老师要留意的压力表现。

不明原因的肌肉痛；经常性头痛；

心跳加速；习惯性抠伤口；

咬指甲、揪头发；

暴饮暴食；很难保持清醒；

注意力不集中；缺乏自然的天性；

失眠；脖子痛、肩痛；

经常性过敏；不明原因的疲惫。

当出现这些压力的迹象，作者建议帮助孩子学习放松的技巧。包括锻炼有意识地呼吸或听音乐。我特别喜欢把这条建议称为“快速放松”。这对于孩子自由选择、快速集中注意力、恢复平衡很有价值。

快速放松，只需几秒钟，有五个基本步骤，简要概括如下：

1. 意识到你在生气。这意味着学习认识“身体的信号。”

2. 微笑地告诉自己，你能让自己冷静下来。(这一步让孩子走出了受害者的角色，掌握控制权。)

3. 假想通过脚下的毛孔，慢慢地呼吸。孩子可以想象冷空气通过他脚下的毛孔经过双腿进入肚子。保留几秒，然后把“紧张的空气”按回到他的身体，再从脚下的毛孔排出去。

4. 在你的脑海中想象走到一个让自己得到充分放松和快乐的地方。孩子想象得越详细，这个方法越有效。让她注意到气味、声音、空气、衣着以及周围的人。

5. 播放和谐音乐，让有益的音质回荡在周围的空气中，让所有不和谐的身体沉浸在这种治愈性能量中。我曾经认识一个有智慧的女人，她是一位钢琴家。她每个晚上坐在钢琴边两个小时，为那些身处医院和养老院的人带去这种有治愈功能的音乐。在感受到压力的时候，让我们练习演奏有治愈功能的和谐的音乐，为我们的家人、邻居甚至宇宙减压。

大多数孩子都有自己的减压方法。留意并表扬这些方法。询问这些方法能帮助孩子们更多地意识到它们。

消除恐惧训练

快乐最大的敌人是恐惧。许多压力的根源是恐惧。恐惧已经被定义为怀疑的情绪反应。是我们的怀疑，而不是我们的了解制造了恐惧。

有些人认为恐惧是21世纪的典型病症。最普遍的是“受害者强迫症”。通过训练，可以将其从我们的思维中去除。

王尔德说：“一旦你失去了能量，厄运就会出现。”这就是为什么恐惧被称作最大的敌人，也是我们想教育孩子免受恐惧侵袭的原因。在最高层次上我们知道世界上没有什么是可怕的。

既然我们可以选择自己的思想，如果我们意识到恐惧会对能量产生什么样的后果，我们就不会屈从于恐惧的想法。想象能量是一个振动波，波峰最大的，是给予并获得完全的、无条件的爱。通过无条件的爱，我们无所畏惧。波谷是恐惧、怀疑等诸如此类的情感，这时我们感到的是与他人的分离。根据磁性定律，同类相吸，当我们选择了负面情绪，我们吸引的也是负面的东西，如麻烦、灾祸或意外等。

积极正面的事件比消极的事件发生频率高，我们通常在这之间来回移动。王尔德举了一个例子，一次家庭野餐开始于高兴的高频率，而以争吵结束。如果那家人在低频率的时候开车回家，他们可能遭遇车祸或其他不幸，因为这两种能量是在同一波段。记得多年前我在一次大发脾气后从楼梯上摔下来，伤到了手腕。这也是负面能量的例子。

通过创造性地解决问题的训练活动，可以帮助孩子明白自己不是一个受害者。让他思考与某个同伴之间的相处，然后向你描述他们的关系。如果他表达出任何指责或挫败感，让他把问题说出来，然后看看是谁的问题。如果他总是归咎于其他人，问他谁最受困扰，谁真的想要改变这种状况。一旦孩子发现了问题，他就不再是一个“受害者”，他愿意找到一个解决方案。知道如何创造性地解决问题，是很有价值的。

学习创造性地解决问题

不管是灾难性的问题抑或平常的问题，我们都逃脱不了。我们都无非采取以下三种方式加以面对：(1) 不作为；(2) 反抗，即不去思考而采取行动；(3) 解决问题。回避和反抗阻碍快乐，而创造性地解决问题增强了快乐。

下面是教给孩子们的一些解决问题的简单方法，你可以和他们一起坐下来试试。要记得，所有的问题都有解决办法。

1. 放松。采用第五章提到的快速放松法或彻底放松法。放松能让头脑清醒，避免冲动。如果真正放松下来，敞开心扉，或许好的解决办法会跃然而出。

2. 选择自我对话。当你选择自我对话，其实你是选择了你的态度。你可以从思想上转变方式，使你怀抱积极的期望和态度解决问题。告诉自己，“我能做到，我可以处理它。”把这个状况看作挑战或成长的机会而不是一个问题，这样能释放出更多的能量。而且有时候我们确实一定程度上会选择接受成长带给我们的挑战。我们改变了关注的方式，似乎这就不再是一个问题。

3. 明确问题或挑战。问题明确了，也就解决了一半。很多情况下我们并没有真正认清所要解决的问题。通过询问，家长可以帮助孩子认清问题，引导他们尽力地表述清楚。表述得越清楚，越有助于问题的解决。我们也可以问自己：“到底要怎么样？”在每一个环节都鼓励孩子听从自己的内心。这不仅帮他们识别问题，发现他们真正需要什么，还可以让他们省去余下的步骤尽快找到解决方法。

4. 收集数据。你可以收集信息以及他人的意见。教孩子思考“我确定掌握所有的事实吗？”“我有没有正确地考虑，或者别人的意见有没有用？”关于不完整的事实，前面章节里提到的“整幅图画”的故事和盲人摸象的故事都是很好的例子。

在这个阶段重要的是认识到没有真正意义上的问题：所谓的问题只是我们没有掌握所有的事实。有人用“整幅图画”或更扩展的意识会马上发现解决方法。同样我们也需要倾听内心，了解需要掌握哪些事实。多了解一个事实可能就会解决这个问题，或者我们也可以凭直觉得到解决方案，虽然我们也不知道为何这样解决。

5. 列出所有选项或方案。这个步骤也被称作想象风暴或头脑风暴。相对于信息采集阶段这是想法集聚的阶段。重要的是要列出所有选项，甚至包括那些明显没用的。所涉及的原则是延迟判断。当大脑负责分析的部分在运转的时候，负责创造性思维的部分就不太灵活。如果同时打开热水和冷水，我们只能得到温水。你可以这样证明给孩子，并对比冷热水，以及想象和评估能力。

很多研究表明，想法的数量越多，解决方案的相似性越大，所以要尽可能多地提出可选方案。很多情况下“量变引起质变”。

6. 再次呼吁倾听内心。内心会帮助我们想到很多可能的解决方案，也会通过直觉告诉我们正确的答案。例如，孩子会知道她应该马上打电话给她的朋友并道歉，这也许就是解决这个问题所需要做的。

7. 让潜意识做主吧。这一步对于解决复杂的问题是特别重要的。这是被称为“不作为”的阶段。在这个阶段中，我们让事实和想法慢慢积聚在我们的脑海中，不去思考问题本身。直到停止有意识的思考时，潜意识头脑的创造力才开始工作。有人认为这是自己给神圣的启发让路。无论是从潜意识或从本源，完美的解决方案通常出现在这个时候。

8. 选择一个最佳方案。把所有可能的结果与宇宙法则以及爱、真理、和平、正确的行为和非暴力五种价值观作对比。例如，这种解决方案与预期的结果相一致吗？

找到最佳方案的另一个途径是寻求指引并倾听内在，并且把答案与上述标准作对比。

一旦孩子掌握了以上八个步骤，并明白了其中的道理，那他就掌握了应对未来挑战的有价值的工具。即便他不能有意识地想到这八个步骤，他的潜意识也会在必要的时候转向它们。这样的方法在发生一些不确定的改变时，能更好地帮助孩子。帮助他们明白这些变化是必要的、有益的，不是惩罚性的。这些变化可能是挑战，但通过转变思维，会使我们的孩子避免恐惧。

可以用一个对比来解释：用一个电风扇代表大众思维的风，几张纸代表我们的思想，用石头代表我们的信念。让孩子说出几种她所坚信的关于自己和世界的观点。把石头放上面，打开电风扇，代表我们的思想总是受到大众思维的吹动。指出固定在我们头脑中的信念不会受到影响，而且会帮我们渡过难关。

罗伯特·埃尔伍德有一个类比。真正的快乐就像太阳，总是发出耀眼的光芒，我们的其他情感——甚至幸福——就像云层，会掩盖快乐。尽管云彩会遮挡太阳，但他们并不能与太阳抗衡。就像我们平常的情感，他们是移动的迷雾，来来去去。

释放孩子的天性是最重要的，因为自然天性会决定他们的成功、健康以及与他人的关系。快乐让他们敞开心扉，还可以保护他们。释放天性会提高振动频率让他们达到更高维度，进入黄金时代！

“常青藤”书系—中青文教师用书总目录

书名	书号	定价
特别推荐——从优秀到卓越系列		
从优秀教师到卓越教师：极具影响力的日常教学策略（入选浙江省教师节用书）	9787515312378	33.80
从优秀教学到卓越教学：让学生专注学习的最实用教学指南	9787515324227	32.00
从优秀学校到卓越学校：他们的校长在哪些方面做得更好	9787515325637	33.80
卓越课堂管理（中国教育新闻网2015年度“影响教师的100本书”）	9787515331362	68.00
名师新经典/教育名著		
如何成为高效能教师（美国最畅销教师用书，销量超过350万册，最专业、最权威、最系统的教师培训第一书）	9787515301747	68.00
给教师的101条建议（第三版）（《中国教育报》“最佳图书”奖）	9787500673842	33.00
改善学生课堂表现的50个方法：小技巧获得大改变（入选《中国教育报》2010年和2011年“影响教师的100本书”）	9787500693536	23.80
改善学生课堂表现的50个方法操作指南：小技巧获得大改变	9787515334783	29.00
优秀教师一定要知道的17件事（美国当前最有影响教育畅销书作者全新力作）	9787500671961	23.00
美国中小学世界历史读本 / 世界地理读本 / 艺术史读本	9787515317397等	106.00
美国语文读本1-6	9787515314624等	252.70
和优秀教师一起读苏霍姆林斯基 / 卢梭 / 福禄培尔 / 蒙台梭利 / 杜威 / 马卡连柯	9787500698401等	150.00
怎么做孩子会爱上学习（入选“21世纪中国教师必读的百种好书”，《中国教育报》“2010年影响教师的100本书”）	9787500685968	22.00
快速破解60个日常教学难题	9787515339320	33.00
美国最好的中学是怎样的——让孩子成为学习高手的乐园（白金版）	9787500685838	28.00
教师成长/专业素养		
安奈特·布鲁肖写给教师的101首诗	9787515340982	35.00
万人迷老师养成宝典学习指南	9787515340784	28.00
中小学教师职业道德培训手册：师德的定义、养成与评估	9787515340777	32.00
成为顶尖教师的10项修炼（中国教育新闻网2015年度“影响教师的100本书”）	9787515334066	35.00
T. E. T. 教师效能训练：一个已被证明能让所有年龄学生做到最好的培训项目（30周年纪念版）（中国教育新闻网2015年度“影响教师的100本书”）	9787515332284	39.00
教学需要打破常规：全世界最受欢迎的创意教学法（中国教育新闻网2015年度“影响教师的100本书”）	9787515331591	33.00
高效能教师如何带领学生取得优异成绩（中国教育新闻网2015年度“影响教师的100本书”）	9787515328980	39.00
10天卓越教师自我培训（教育家安奈特·布鲁肖顶尖卓越教师培训教材）	9787515329925	29.00
给幼儿教师的100个创意：幼儿园班级设计与管理	9787515330310	29.00
给幼儿教师的100个创意：为幼升小做准备	9787515329130	29.90
给小学教师的100个创意：发展思维能力	9787515327402	29.00
给中学教师的100个创意：如何激发学生的天赋和特长 / 杰出的教学 / 快速改善学生课堂表现	9787515330723等	87.90

	书名	书号	定价
	以学生为中心的翻转教学11法	9787515328386	29.00
	如何使教师保持职业激情	9787515305868	29.00
★	如何培训高效能教师：来自全美权威教师培训项目的建议	9787515324685	32.00
★	良好教学效果的12试金石：每天都需要专注的事情清单	9787515326283	29.90
★	让每个学生主动参与学习的37个技巧	9787515320526	28.00
	10分钟教师培训：卓越教师的40个快速训练法	9787515320519	32.00
	高效能教师的时间管理法	9787515321073	35.00
★	凭什么让学生服你（增订版）	9787500675204	26.00
	高效能教师备课完全指南：英国最权威的备课指导用书	9787515312361	23.80
	师范学院学不到的：应对学校一切的锦囊妙计	9787500679455	28.00
	提高学生学习效率的9种教学方法	9787515310954	27.80
	优秀教师是这样炼成的：用心教育	9787500672555	23.80
★	教师一定要思考的四个问题：今天，我们怎样做教师（增订版）	9787500668565	27.90
	下课后来找我：资深教师给同行的建议	9787515307114	28.00
★	教师应该做到的和能够做到的（白金版）（美国中小学教师指定培训教材）	9787500669401	33.00
★	优秀教师的课堂艺术：唤醒快乐积极的教学技能手册	9787500654001	26.00
★	教师职业的9个角色（白金版）（美国国家教育学会教师教育委员会、哥伦比亚大学教育学院推荐书目）	9787500681014	23.80
	如何成为优秀教师：英美教师职业成长"圣经"	9787500672920	26.00
★	万人迷老师养成宝典（第2版）（入选《中国教育报》"2010年影响教师的100本书"）	9787500689300	29.00
	高效能教师的9个习惯	9787500699316	23.00
★	好老师可以避免的20个课堂错误（白金版）（入选《中国教育报》"2010年影响教师的100本书"）	9787500688785	21.50
	教师、学生和家长焦点难题解决方案（升级版）（入选《中国教育报》"2011年影响教师的100本书"）	9787500672906	35.60
	好老师说服难缠家长的16堂课（入选《中国教育报》"2010年影响教师的100本书"）	9787500688778	23.80
	爱·上课：麻辣教师调教"天下第一班"的教育奇迹（李希贵、窦桂梅推荐）	9787500693383	29.00
	爱·读书（李希贵、窦桂梅推荐，中国版《窗边的小豆豆》，诠释中国教师《爱的教育》）	9787500693918	25.00
	课堂教学/课堂管理		
	教师如何提高学生小组合作学习效率	9787515340340	29.00
	卓越教师的200条教学策略	9787515340401	35.00
	中小学生执行力训练手册：教出高效、专注、有自信的学生	9787515335384	33.80
	提高学生学习专注力的8个方法：打造深度学习课堂	9787515333557	35.00
	改善学生学习态度的58个建议	9787515324067	25.00
★	全脑教学：影响全球300万教师的教学指导书（中国教育新闻网2015年度"影响教师的100本书"）	9787515323169	38.00
★	哈佛大学教育学院思维训练课	9787515325101	36.00

书名	书号	定价
完美结束一堂课的35个好创意	9787515325163	28.00
如何更好地教学：优秀教师一定要知道的事（被英国教育界奉为圣经的教学用书）	9787515324609	36.00
带着目的教与学	9787515323978	28.00
美国中小学生社会技能课程与活动（学前阶段/1-3年级/4-6年级/7-12年级）	9787515322537等	153.80
彻底走出教学误区：开启轻松智能课堂管理的45个方法	9787515322285	28.00
破解问题学生的行为密码：如何教好焦虑、逆反、孤僻、暴躁、早熟的学生	9787515322292	36.00
在普通课堂教出尖子生的20个方法：分层教学	9787515321868	29.90
天天向上：中学教学问题解决手册	9787515321202	29.00
13个教学难题解决手册	9787515320502	28.00
让学生爱上学习的165个课堂游戏	9787515319032	39.00
美国学生游戏与素质训练手册：培养孩子合作、自尊、沟通、情商的103种教育游戏	9787515325156	36.00
老师怎么说，学生才会听（白金版）	9787515312057	28.00
快乐教学：如何让学生积极与你互动（入选《中国教育报》2010年和2011年“影响教师的100本书”）	9787500696087	29.00
老师怎么教，学生才会提问	9787515317410	29.00
快速改善课堂纪律的75个方法（白金版）	9787515313665	28.00
教学可以很简单：高效能教师轻松教学7法	9787515314457	25.00
88种美国中小学经典课堂教学活动	9787515314419	32.00
好老师应对课堂挑战的25个方法（珍藏版）（《给教师的101条建议》作者新书）	9787500699378	25.00
快速调动学生参与的99个方法（被誉为美国调动学生参与最有价值之书）	9787515317069	31.90
好老师激励后进生的21个课堂技巧	9787515311838	23.80
开始和结束一堂课的50个好创意	9787515312071	19.80
培养高情商学生的7堂必修课（新版）	9787500686088	28.00
好老师因材施教的12个方法（美国著名教师伊莉莎白“好老师”三部曲）	9787500694847	22.00
如何打造高效能课堂（美国《学习》杂志“教师必选”奖，“激励教师组织”推荐书目）	9787500680666	29.00
合理有据的教师评价：课堂评估衡量学生进步	9787515330815	29.00
班主任工作/德育		
北京四中8班的教育奇迹	9787515321608	36.00
师德教育培训手册	9787515326627	29.80
打造优秀班级的15个秘密	9787515319117	28.00
设计和管理最优班级实用手册	9787515317731	49.00
好老师征服后进生的14堂课（珍藏版）（美国著名教师伊莉莎白“好老师”三部曲）	9787500693819	25.00
美国最优秀教师的自白（新版）（进入地方学校、教育机构教育用书征订目录）	9787500683001	26.00
优秀班主任的50条建议：师德教育感动读本（《中国教育报》专题推荐）	9787515305752	23.00
来自美国最优秀教师的建议（入选《中国教育报》“2010年影响教师的100本书”）	9787500694427	25.00
班主任一定要面对的9个问题（新版）	9787500672937	22.00

	书名	书号	定价
★	是什么让教师不断进步（升级版）（入选《中国教育报》“2011年影响教师的100本书”）	9787500672401	23.80
	优秀教师一定读的60个故事（传达60种爱的教育方式）	9787500696285	25.00
	学校管理/校长领导力		
	如何定义、评估和改变学校文化	9787515340371	29.80
	学校管理者如何构建卓越学校	9787515330754	28.00
	从优秀学校到卓越学校：他们的校长在哪些方面做得更好	9787515325637	33.80
	优秀校长一定要做的18件事（入选《中国教育报》“2009年影响教师的100本书”）	9787500673835	26.00
	构建杰出学校的7个杠杆	9787515324319	39.00
	美国获奖中小学校长的建议（新版）（美国教育界精英校长的经验分享）	9787500675211	29.90
★	如何调动和激励教师（增订版）（入选《中国教育报》2009年和2011年“影响教师的100本书”）	9787500673828	29.00
	如何应对难缠的老师	9787515306315	25.00
★	给校长的127条建议（入选《中国教育报》2010年和2011年“影响教师的100本书”）	9787500694779	23.00
	如何提升学校的内力（升级版）	9787500672159	21.80
	创新型学校：给学校管理者的9个策略（入选《中国教育报》2010年和2011年“影响教师的100本书”）	9787500693628	23.00
	学科教学/教科研		
★	人大附中高考作文取胜之道	9787515320694	33.80
★	人大附中学生这样学语文：走近经典名著	9787515328959	33.80
	让小学一年级孩子爱上阅读的40个方法	9787515307589	30.00
	让学生爱上数学的48个游戏	9787515326207	26.00
★	英美中小学都在玩儿的数学游戏：多少只袜子是一双	9787500688884	25.80
★	优秀小学语文教师一定要知道的7件事（窦桂梅畅销作品）	9787500674139	23.80
	小学语文课例研修的8个实践策略（附赠光盘）	9787515312064	33.00
	名师谈阅读教写作：真正思考语文课的终极目标问题	9787500692966	29.00
★	考拉小巫的英语学习日记：写给为梦想而奋斗的人	9787515303505	25.00
★	如何成为尖子生（新版）（事半功倍的高效学习方法，3小时成为学习高手）	9787500668596	23.00
	情商教育/心理咨询		
	中小学心理教师的10项修炼	9787515309347	36.00
★	别和青春期的孩子较劲（增订版）（入选《中国教育报》“2009年影响教师的100本书”）	9787500676232	28.00
★	100条让孩子胜出的社交规则	9787515327648	28.00
	加州大学伯克利分校的10堂幸福教养课	9787515303512	23.00
	毕淑敏心理咨询手记	9787500682127	25.00
	幼儿园/学前教育		
	幼儿园30个大主题活动精选：让工作更轻松的整合技巧	9787515339627	39.80
★	美国幼儿教育活动大百科：3–6岁儿童学习与发展指南用书·科学	9787515324265	150.00
★	美国幼儿教育活动大百科：3–6岁儿童学习与发展指南用书·艺术	9787515324289	150.00

书名	书号	定价
美国幼儿教育活动大百科：3-6岁儿童学习与发展指南用书·健康与语言	9787515324296	150.00
美国幼儿教育活动大百科：3-6岁儿童学习与发展指南用书·社会	9787515324272	150.00
蒙台梭利早期教育法：3-6岁儿童发展指南（理论版）	9787515322544	29.80
蒙台梭利儿童教育手册：3-6岁儿童发展指南（实践版）	9787515307664	25.00
自由地学习：华德福的幼儿园教育	9787515328300	29.90
你的水桶有多满（儿童版）	9787515306766	29.00
赞美你：奥巴马给女儿的信	9787515303222	19.90
教育主张/教育视野		
如何发现孩子：实践蒙台梭利解放天性的趣味游戏	9787515325750	32.00
如何学习：用更短的时间达到更佳效果和更好成绩	9787515334844	39.80
教师和家长共同培养卓越学生的10个策略	9787515331355	27.00
10天掌握快速阅读	9787515329918	29.90
芬兰教育全球第一的秘密（珍藏版）（《中国教育报》等主流媒体专题推荐，台湾教育类畅销书榜第一名）	9787500687436	28.00
世界最好的教育给父母和教师的45堂必修课（《芬兰教育全球第一的秘密》2）	9787500692423	28.00
杰出青少年的7个习惯（精英版）（中小学图书馆推荐书目、中国青少年必读书目）	9787500649083	28.00
杰出青少年的6个决定（领袖版）（中小学图书馆推荐书目、中国青少年必读书目、全国优秀出版物奖）	9787500672241	28.00
7个习惯教出优秀学生（全球第一畅销书《高效能人士的七个习惯》教师版）	9787500687948	29.00
杰出青少年构建内心世界的5个坐标（中国青少年成长公开课）	9787515314952	59.00
跳出教育的盒子：从优秀到卓越教师的成功策略（美国中小学教学经典畅销书）	9787500689508	35.00
夏烈教授给高中生的19场讲座（入选《中国教育报》"2013年最受教师欢迎的100本书"）	9787515318813	29.90
学习之道：美国公认学习第一书	9787500679240	28.00
翻转学习：如何更好地实践翻转课堂与慕课教学（中国教育新闻网2015年度"影响教师的100本书"）	9787515334837	32.00
翻转课堂与慕课教学：一场正在到来的教育变革	9787515328232	26.00
奇迹学校：震撼美国教育界的教学传奇（中国教育新闻网2015年度"影响教师的100本书"）	9787515327044	36.00
学校是一段旅程：华德福教师1-8年级教学手记	9787515327945	32.00
高效能人士的七个习惯（全球头号畅销书）	9787500649038	49.00
盖洛普优势识别器2.0：《现在，发现你的优势》升级版	9787515308036	199.00

您可以通过如下途径购买：

1. 书　　店：各地新华书店、教育书店。
2. 网上书店：当当网（www.dangdang.com）、亚马逊中国网（www.amazon.cn）、天猫（zqwts.tmall.com）
　　京东网（www.360buy.com）、第一街（www.diyijie.com）。
3. 团　　购：各地教育部门、学校、教师培训机构、图书馆团购，可享受特别优惠。

购书热线：010-65511270 / 65516873